解

日本神社

宗教史研究家
澀谷申博 著
許郁文 譯

神社與祭典
有什麼關係？

最尊貴的神明是
天照大神嗎？

54 個 Q&A 看懂參訪禮儀╳
八百萬神╳奇特祭典，
還有此生必訪的神社清單，
讓參拜過程更有趣

眠れなくなるほど面白い図解神社の話：
素朴な疑問でわかる神社のディープな魅力

前言

只要是日本人，應該都會去神社新年參拜（初詣）才對。

有些人會說：「我們家新年都是去佛寺參拜喲！」，但大部分的人應該都是去神社進行新年參拜。

其實新年參拜的歷史沒有想像中那麼悠久。近年研究指出，新年參拜這項習俗差不多是在明治時代之後才開始普及。

不過，許多人會在季節更迭之際，或是人生進入下個階段的時候，前往神社參拜，而這正是源自日本自古以來的信仰，從這點來看，新年初詣也可說是源自傳統信仰的活動之一。

因此，要問大家一個問題。

你對新年參拜的神社有多少了解呢？（如果不曾在新年前往神社參拜，就以常去的神社為主）。

那座神社的主神是誰呢？從什麼時候開始祀奉祂的呢？神社境內有哪些建築物？鳥居與狛犬各有什麼意義？該神社又會舉辦哪些祭典呢？

就算不知道這些問題的答案，當然也能去神社參拜。

這也是神道的一大特徵。

神社的大門永遠為了虔誠的人們而開。

就算是不太了解日本的外國人，只要願意低頭感受神明的威嚴，神明也一定願意傾聽他們的願望。

不過，若能進一步了解該神社的主神、相關設施與細節，參拜這件事一定會變得更有趣，也更有收穫。

神道是源自日本風土民情的信仰，也是適應日本風土民情的智慧。

只要了解神社，就能汲取這些智慧。

本書正是了解神社的入口。

如果您因為本書而對神社產生了些許興趣，務必親自走訪一趟，用自己的雙眼確認看看，肯定會有另一番發現。

澀谷申博

二〇二〇年九月

目錄　日本神社超圖解：54個Q＆A看懂參訪禮儀×八百萬神×奇特祭典，還有此生必訪的神社清單，讓參拜過程更有趣

第1章 透過簡單的提問了解神社

第2章 祭神的源起與推薦的神社

第3章 了解祭神，神社之旅將變得更加有趣

第4章 祭典與神社之間不為人知的關係

封面、內文設計：ISSHIKI（數位）
插圖：KAWACHIREN
編輯助理：（株）風土文化社（大迫倫子）
照片提供：PIXTA、澀谷申博、久喜市商工會鷲宮支所

第1章

透過簡單的提問了解神社

1 建造神社的目的是什麼？

——爲了更方便祀奉神明

開發了日本國土的大國主命與少彥名神攜手「建國」，而少彥名神卻在建國途中，渡海回到常世之國。

「這下糟了，接下來該怎麼繼續開發國土啊……」當大國主命在海邊如此感嘆時，金光閃閃的大物主神突然從海中出現，並且告訴大國主命，**只要在大和國（現在的奈良縣）三輪山祭祀祂，就能順利完成建國大業。**

一般認為，這就是大神神社的由來。

這段神話除了記載於《古事記》與《日本書紀》，也收錄於《常陸國風土記★》。

很久很久以前，箭括氏的麻多智將山谷附近開墾為田地之後，姿態如長角大蛇的夜刀之神便紛紛湧入田地，阻礙麻多智的耕作。麻多智在一怒之下，便以長矛將夜刀之神趕進深山，還在村落與深山之間的邊界樹立長杖，並且大聲宣示：

「神明的土地與人類的田地將以此為界，我也將成為祭祀神明的神主，希望夜刀之神不要作祟！」

據說在建造神社之前，人們都是在祭場舉行迎神祭典，**當神社建造完成，人們就隨時能向神明獻上祈禱，不用擔心請錯神，也會知道屬於神明的領域（聖域）有多大，不再需要擔心因為誤入聖域而遭受天譴。**

此外，對古代人來說，祀奉強大的神明也能彰顯自己的勢力有多麼龐大，而神社便是那具體的象徵。

用語解說

★ **風土記**：記載日本各地地形、產物、傳承的地誌。西元713年各國國司奉天皇詔令編撰而成。常陸國的領域大約為現在茨城縣的大部分地區。

神社是爲了神明建造的場所

這裡面是神明的
領域，我們也會在
裡面祭祀神明，還請
庇祐我們全族啊！

建造神社的目的

① 避免人類誤入神明的領域

② 祀奉神明，了解神意的場所

③ 釐清祭祀者的身份，宣示祭祀者的勢力

2 最尊貴的神明是天照大神嗎？

——雖然是尊貴的神明，卻很少人知道

平安中期的女流日記文學之一的《更級日記》曾有下列這段敘述——

「雖然聽到天照大神說：『請振作』，但我不知道祂是哪位神佛。四處詢問之後，才有人告訴我：『祂是住在伊勢的神明喲！這位神明正由紀野國的國造一族祀奉，宮中的內侍所★也祀奉了這位神明』。」

聽到貴族之女菅原孝標女將天照大神稱為「不知道哪裡來的神佛」，大家是不是很驚訝呢？**其實這是因為天照大神並非平安貴族熟悉的神明。**

了解這個事實的線索，就藏在那位告訴菅原孝標女天照大神是何等神明的人，以及他對於天照大神的描述。

天照大神來自伊勢、由內侍所祀奉這點，意味著天照大神是伊勢神宮的祭神，也是於宮中祀奉的皇祖神（天皇的始祖），至於由紀伊國造一族祀奉則是指在和歌山市日前國懸神宮祀奉的意思。

從天照大神同時於伊勢神宮、日前國懸神宮受到祀奉這點來看，不禁讓人覺得伊勢神宮曾禁止天皇以外的人參拜。

由此可知，統治天上（高天原）的天照大神是在眾神之中最為尊貴的神明，只有天皇與極少數的人才得以祀奉。因此，貴族才不太熟悉天照大神是何方神佛。

雖然天照大神等於是神聖天皇的化身，卻不是最強的神明。若只以強悍而論，免不了提到武甕槌神這位武神，然而天照大神卻是命令這些神祇平定天地，統治萬物的神明。

用語解說

★ **內侍所**：宮中設施之一，曾是祀奉天照大神的賢所（神殿），相當於現代的宮中三殿。

日本人心中的天照大神是何等存在？

天照大神是君臨日本眾神的神明，
卻不是每位日本人都熟悉的神明！

我是天照大神，是天皇的始祖，也是統治天上的神
喂，你知道那個神是誰嗎？
鬼才知道啊！在我們家鄉的話，只知道海神而已啦

在過去，人們只祀奉氏族的祖神（氏神）或是守護故鄉的神明，不會祭拜其他氏族的神明，也不會祭拜其他地區的守護神明。

3 神社的御神體是神明嗎？

——御神體是神靈的「棲宿物」，不是神明本身

就佛寺而言，走進本堂之後，佛像會安置於正面深處的佛壇之上，所以只要不是基於某些信仰因素而無法公開的佛像，通常能夠一眼看出這間佛寺供奉的本尊。

不過，**神社就不是這樣！祀奉祭神的本殿通常不開放參觀**。而且許多神社的本殿還位於拜殿之後，讓人無從窺見全貌（這部分會於第十節說明）。

就算真的得到許可，得以進入本殿一探究竟，應該也不會知道本殿祀奉的是哪座神明。

這是因為安座於本殿的，通常是鏡子或是劍，就是所謂的御神體（又稱為御靈代）。

由於神明是一種靈體，只要神明不願顯現，人類就看不見神明。所以在舉行祭祀典禮時，通常會準備讓神靈得以憑依的載體。

如果是在野外舉行的祭典，一般會準備神籬（類似神轎），但若是在神社舉行的話，由於是請神明原地坐鎮，所以神社的寶物就會被當成憑依的載體，也就是所謂的御神體。

什麼寶物會被視為御神體呢？這往往得視情況而定，無法一概而論。常見的有鏡子、劍、勾玉（編註：呈月牙形狀的玉墜）、神像★，或是御幣也有可能是御神體。

此外，也有以山巒、瀑布為御神體的神社（例如奈良的大神神社、埼玉縣的金鑽神社、和歌山縣的飛瀧神社都是其中之一），但這些御神體都無法擺在建築物裡面，無法為其建造本殿。

用語解說

★ **神像**：一般認為神社之所以供奉神像是受到佛教的影響，但在明治時代發生神佛分離的宗教事件之後，不少神社決定撤除社殿之中的神像。

御神體是神明的分身

具代表性的御神體	以大自然為對象的御神體
・鏡子	・山
・劍	・瀑布
・勾玉	・水井（泉水）
・神像	・巨石
・御幣	

4 龍與蛇也是神明？

——有些是神明，有些是神明的偽裝

日本各地都有祭祀龍神或蛇神的神社，但是祭祀的目的各有不同，大家前往參拜時必須多加注意。

根據神奈川縣江之島江島神社的傳承——《江島緣起》指出，早期有一條五頭惡龍在此地肆虐，直到美麗的天女現身，感化這條惡龍之後，愛上天女的惡龍才徹底痛改前非，化為一座大山。而鎌倉市龍口明神社，就是祭祀這條五頭惡龍的地方。

由此可知，這條惡龍是由這座神社祭祀，但是於大神神社祀奉的大物主的情況就不太一樣。

根據《日本書紀》的記載，大物主曾在每天夜裡與孝靈天皇之女——倭跡跡日百襲姬纏綿，每到天亮前就離去，所以百襲姬便希望大物主能夠留到早晨，一窺大物主真正的模樣。沒想到最後看到的是一條美麗的小蛇。

《日本書紀》也記載，雄略天皇曾抓到三輪山之神（一如前述，大物主便是坐鎮於三輪山）。由此可知，被抓到的神明有可能是會發出雷鳴之聲、目光如火的大蛇★。

不過這條大蛇卻以照亮海面的姿態，出現在造國之神的大國主面前。

到底哪個才是祂真正的模樣呢？蛇的模樣有可能是神明在人類面前的偽裝。

此外，**有些神明會將蛇、狐狸、鹿當成使者（神使）使喚（參考第十二節）。有些神社也會祀奉這些神使，但神使終究不是神明。**

用語解說

★ 在平安初期的話本《日本靈異記》之中，雄略天皇抓到的是雷神。

神明的姿態變化萬千！

大物主

化身為丹紅漆色的箭，射進姬蹈鞴五十鈴姬的陰部。

為了滿足倭跡跡日百襲姬想「一窺廬山真面目」的願望，大物主化身為小蛇。

在雄略天皇的時代為少子部螺贏所捕的三輪山之神（大物主？）是條大蛇。

有些神明也會以其他的姿態現身

住吉神曾以「老人」的模樣現身並降下神諭、八幡神則曾以「小孩」面貌現身、豐玉姬分娩時，則是變回鱷魚（鯊魚）的模樣。由此可知，神明會以不同的姿態現身。

5 聽說有狗狗與貓貓的神社，是眞的嗎？

——眞的。各地都有這類小神社

神社是祀奉神明的地方，但是受到祭祀的不一定只有神明。若是受到百姓崇敬或是畏懼的人，也有可能被奉為神明。而**為人類做出莫大貢獻，或是為人類犧牲生命的生物**，也有可能受到祭祀。

由於本書第八節會提到被奉為神明的人類，所以這節要介紹被奉為神明的生物，尤其要聊聊最親近人類的狗狗與貓咪。

首先從貓咪開始介紹。就現代而言，大部分的人應該都是以養寵物的概念飼養貓咪，但是在過去，許多人是從實用的角度飼養貓咪。

想必大家已經知道我在講什麼，沒錯，過去很多人養貓是為了防治鼠患。

老鼠會偷吃食物，也會散播病菌，還會咬壞重要的文獻或是佛寺的彫刻，甚至還會吃掉貴為農家重要收入來源的蠶。

所以**貓在養蠶業盛行的地區是非常重要的動物，有不少地方都將貓奉為守護蠶的神明。**

有趣的是，還有因為重振生意而被祀奉的貓。比方說，在和歌山電鐵貴志站擔任站長的三毛貓「小玉」。

能夠看門又能跟著主人狩獵的狗狗，也在各地受到人們的祭祀。比方說，靜岡縣磐田市的靈犬神社，或是山形縣高畠町的犬之宮，就祀奉著**降伏妖怪、平息災難的神犬。**

此外，關東一帶還有授予「御神犬」護身符的神社。像是武藏御嶽神社（東京都青梅市）就是其中之一。但正確來說，武藏御嶽神社祀奉的不是狗而是狼。

用語解說

★ **御神犬神札**：也稱為大口真神的神符。一般認為，有驅邪、防盜的神效。

祭祀狗狗與貓貓的神社

祀奉狗狗的神社

- **伊奴神社**（愛知縣名古屋市）
- **靈犬神社**（靜岡縣磐田市、矢奈比賣神社境內社）
- **老犬神社**（秋田縣大館市）
- **犬之社**（山形縣高畠町）

伊奴寢子社（座間神社）

祀奉貓咪的神社

- **貓神神社**（鹿兒島市吉野町）
- **貓之宮**（山形縣高畠町）
- **黑貓大明神**（長野縣松代町）
- **小玉神社**（和歌山縣紀之川市、貴志站站內）
- **貓神社**（岩手縣遠野市遠野八幡宮境內社）

武藏御嶽神社的大口真神的神札

守護貓狗的神社

- **伊奴寢子社**（神奈川縣座間市座間神社境內社）

御神犬神札的神社

- **武藏御嶽神社**（東京都青梅市）
- **寶登山神社**（埼玉縣長瀞町）
- **三峰神社**（埼玉縣秩父市）

小玉神社。這裡是祀奉長年擔任貴志站站長的三毛貓（小玉）的神社。

6 日本有多少座神社？

——據日本文化廳的統計，神社約有八萬餘處，但實際的數量更多

要掌握神社的數量不是件簡單的事。**日本全國的神社數量，可參考日本文化廳每年發行的《宗教年鑑》，或是管理全國神社的官方網站（包括宗教法人神社本廳官網等）。**

根據神社本廳官網的說法，神社本廳這個「管理全國八萬處神社的組織」是於昭和二十一年（西元一九四六年）創立。

接下來的內容雖然與主題無關，不過在此要先說明包括宗教法人、被包括宗教法人、單位宗教法人的差異。

日本大部分的佛寺都歸屬於天台宗、曹洞宗這類宗派，而這些宗派稱為包括宗教法人，每間佛寺則稱為單位宗教法人，由於這些佛寺也隸屬於各個宗派，所以也稱為被包括宗教法人。不屬於任何宗派的佛寺則稱為單立宗教法人。

因此若以神社而言，神社本廳與各都道府縣的神社廳便屬於包括宗教法人。不過，也有未歸屬於神社本廳的神社。

話說回來，若問「神社到底有幾處？」，**令和元年版的《宗教年鑑》指出，日本全國共有八萬零八百二十六處。**

這是登記為宗教法人的神社的數字。**只包含了單位宗教法人的神社、包括宗教法人的神社本廳與各都道府縣的神社廳**而已。

若只從統計的角度來看，這數字當然是正確的，但這個數字未包含那些位於大街小巷，尚未成為宗教法人的祠堂或佛寺。

另一個問題是，我們也不知道什麼樣的神社才算是神社，但我們認知中的神社★絕對比《宗教年鑑》上的數字還要多。

用語解說

★ **認知中的神社**：乍看之下，愛知縣豐川市的豐川稻荷像是神社，但其實是曹洞宗的寺院。

各都道府縣的神社數量

總數：八萬零八百二十六處

北海道	792	滋賀縣	1,443
青森縣	885	京都府	1,757
岩手縣	867	大阪府	723
宮城縣	942	兵庫縣	3,855
秋田縣	1,145	奈良縣	1,382
山形縣	1,744	和歌山縣	441
福島縣	3,053	鳥取縣	825
茨城縣	2,490	島根縣	1,171
櫪木縣	1,916	岡山縣	1,649
群馬縣	1,214	廣島縣	2,727
埼玉縣	2,022	山口縣	751
千葉縣	3,171	德島縣	1,311
東京都	1,453	香川縣	800
神奈川縣	1,139	愛媛縣	1,246
新潟縣	4,687	高知縣	2,168
富山縣	2,277	福岡縣	3,408
石川縣	1,875	佐賀縣	1,105
福井縣	1,709	長崎縣	1,324
山梨縣	1,283	熊本縣	1,388
長野縣	2,457	大分縣	2,114
岐阜縣	3,266	宮崎縣	674
靜岡縣	2,842	鹿兒島縣	1,126
愛知縣	3,354	沖繩縣	14
三重縣	841		

※節錄自《宗教年鑑 令和元年版》

沒想到新潟縣是第１名！
應該是因為許多村莊都還保留了神社。

※由於個人與各町管理的神社都未登記為宗教法人，所以上述的數字不包含這類神社。神社的實際數量也遠遠超過上述的數字。

7 聽說神社也有所謂的格式，是眞的嗎？

——各時代有不同的社格制度，但現在已經式微

在前往歷史悠久的神社參拜時，大家應該都會注意到，通往大殿的道路（參道）的入口立有石碑。

這種石碑稱為「社號標」，上面除了刻有神社名稱，還刻了「官幣大社」、「式內社」或是「○○國　一宮」等文字。

這些就是神社的格式或是社格。

古時候，日本的神社在政治中扮演了相當重要的角色，因為神社信仰往往能凝聚整個地區或是氏族，所以大和朝廷才將全國的主要神社納入神祇官的管轄範圍，而這些神社則稱為官社。

在各種與官社有關的記錄之中，歷史最為悠久的記錄為《延喜式》★的「神名帳」，其中記載了二千八百六十一處官社，而這些官社也稱為「式內社」。

最初，朝廷希望直接管理所有的內社，但是將首都的神祇官派往偏遠地區的神社任職，可說是件非常困難的事情，久而久之就不會來領取幣帛（祭神所需的供品）。

為了解決這個問題，朝廷將神社分成由神祇官管理的官幣社，以及由國司管理的國幣社。這就是所謂的官國幣社制度，而官幣社與國幣社又根據規模分成大社與小社。

此外，明治政府雖然承襲了官國幣社制度，卻進一步將其分成大社、中社與小社。

當官國幣社制度隨著朝廷式微、無法正常運作之後，取而代之的是一宮制度。這是由古代行政單位的「國」制定的社格，其中包含一宮、二宮、三宮這些單位，不過，每個國的制度的完善程度都不一樣。

用語解說

★**《延喜式》**：於西元927年通過的法律（律令）的實施細則集。

神社的社格

官國幣社

・**官幣社**（由朝廷將幣帛獻給神明）── 大社 / 小社

・**國幣社**（由國司將幣帛獻給神明）── 大社 / 小社

伊勢神宮這類特殊的神社不在此列。在明治時代制定的近代社格制度之中，官幣社與國幣社還另外分出中社，總共分成 9 種規模。

式內社、名神大社

指的是於《延喜式》的「神名帳」記載的式內社。名神大社則是指特別靈驗的式內社。

國史現在社

於六國史（就是《日本書紀》、《續日本紀》、《日本後紀》、《續日本後紀》、《日本文德天皇實錄》、《日本三代實錄》）記載的的神社。

一宮

由古代行政單位的「國」所制定的神社，也是最具規模的神社。

別表神社

第二次世界大戰結束後，之前的社格制度全數廢除。但是管理神社的神社本廳，將具有特殊歷史意義的神社登記在規定的別表之中，所以這類神社又稱為別表神社，目前共有 347 處。

8 氏神神社、產土神社、人神神社是什麼意思？

——祀奉氏族的守護神、土地的守護神、神格化的人的神社

本書第二節提到，伊勢神宮只有天皇能夠參拜，但這件事在古代一點也不奇怪！

在古代，每個氏族都會祀奉祖先神★或是守護神，這些神社只有該氏族的人才能參拜。因為這類神社的主神為守護該氏族的主要神明，外來者參拜的話，不僅不會得到保佑，說不定還會被降災。

這類**特定氏族的祖先神或是守護神，我們就稱為氏神。**

至於**產土神則是守護出身地的神明**，守護的不是特定的氏族，而是特定的地區。

綜上所述，氏神與產土神是不同的神明，但中世紀的武士為了強化向心力，通常會將守護土地的神明奉為氏神，所以兩者也漸漸被混為一談。

到了現代，人們將氏神視為守護特定地區的神明，該地區則稱為氏子區域，住在這片區域的人則統稱為該神社的氏子。

由於氏子從出生到死亡都能得到氏神的庇護，所以也會積極地參與氏神神社的各項祭典與儀式，也會努力讓氏神神社發揚光大。

人神神社主要祀奉神格化的人，其中以祀奉菅原道真的北野天滿宮、太宰府天滿宮或是祀奉德川家康的東照宮最為有名。

在過去，神明與人類之間，有一條涇渭分明的界線，所以人類無法入祀神社。不過，在進入奈良時代之後，人們便覺得滿懷怨恨的人去世後會作祟，所以便開始祭祀這些人，**也會祀奉功蹟卓著的英雄。**

用語解說

★ **祖先神**：以中臣藤原氏的天兒屋命、物部氏的邇芸速日命最為有名。

神明的種類

氏神

特定氏族的祖先神、守護神

只要發自內心地祀奉我，後代就能長久繁盛！
初代的〇〇神啊，請保佑我與我們的家族～

產土神

守護特定地區的神明

我會守護這片土地的平安喲～

人神

祀奉神格化的人

因為害怕我的怨氣而祀奉我！

菅原道真

我因為統一了天下而被奉為神明！

德川家康

9 神社境內究竟有什麼？

──有本殿、拜殿、神樂殿（舞殿）、攝社、末社這些地方

相較於佛寺，大家會不會覺得，神社的可看之處比較少★呢？

其實筆者原本也有這種感覺。

不過，這純粹是誤解！

如果能先吸收一些正確的知識再走進神社，應該就會發現有許多值得欣賞之處。

因為神社除了蘊藏宗教建築之美，還能提供許多解讀當地歷史與文化的線索。

接下來要說明的是普遍能於神社境內欣賞的部分，但有時候走進一些只有鳥居或是社殿的小神社，也會有意外的發現與驚喜。

請大家不要只以神社的規模決定是否進去參拜，也請務必仔細觀察神社境內有哪些值得欣賞的部分！

話說回來，大部分的神社都有哪些部分呢？就讓我們順著參拜的路線說明吧。

前往神社時，最先看到的是鳥居。

鳥居是神社的象徵，也是將神社境內與俗世一分為二的結界，更是將參拜者帶往參道的神聖之門。第十一節也將進一步說明鳥居。

走進參道之後，還會看到第一個鳥居與第二個鳥居，或是更多的鳥居，但**有些神社則會另外建造大門。**

這座大門就稱為神門。

雙層樓式的神門也稱為樓門，但正確來說，只有第二層（最上層）有屋簷的是樓門，第一層與第二層都有屋簷的神門稱為二重門。

有些神社會仿照佛寺的仁王像，在神門的兩側之內設置守護神社的神明（隨身、隨神：都為隨從之意），而這種神門又稱為隨身（神）門。

用語解說

★ **可看之處比較少**：神社境內之所以看起來比佛寺境內空曠，是因為神佛分離政策實施後，所有的佛教物品都從神社境內撤除。

一般的神社境內

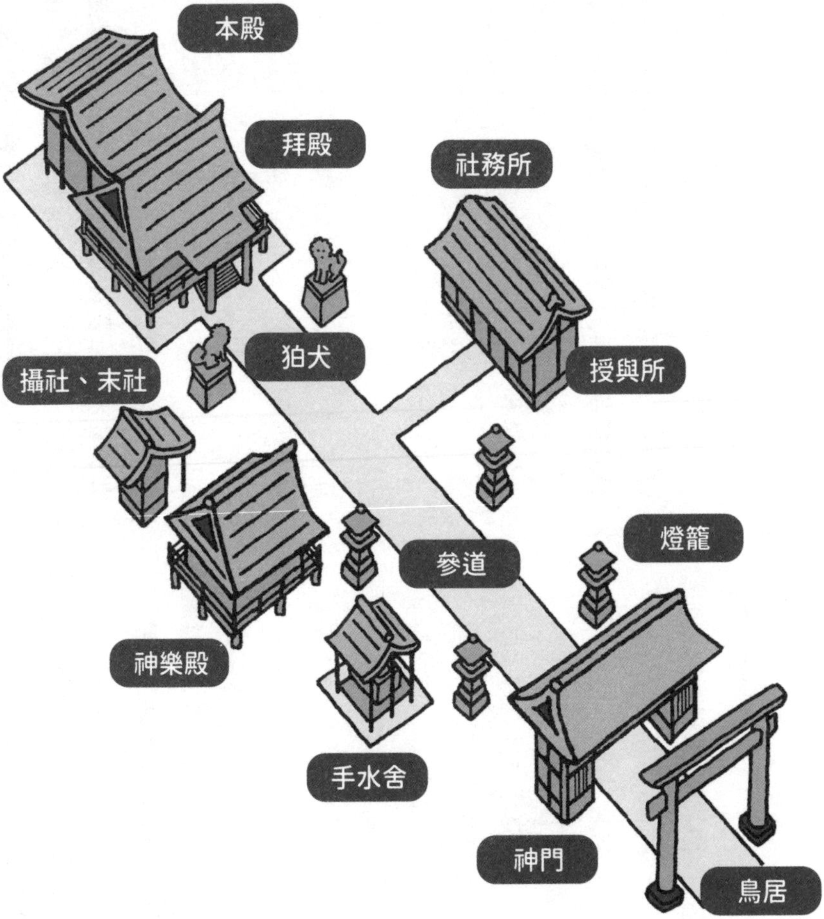

每間神社都可能略有不同，
所以請大家先試著走進神
社，四處探索一下囉！

走進神社之後會先看到手水舍，在參拜之前可先在此清潔雙手與口腔（參考本書第十三節）。**有些參道的兩旁會設有神樂殿（又稱為舞殿）**，是在本殿的祭神面前獻上表演的場所。

有些神樂殿會蓋在參道的正中央，此時便兼具拜殿的功能，所以又稱為舞拜殿。

由於是為了祭神而表演，所以神樂殿本來就該建在與本殿面對面的位置，換言之，舞拜殿的位置才是正確的。

不過，為了讓參拜者也能欣賞這些表演，所以通常會將神樂殿蓋在參道的兩側。

如果是在本殿的前方表演，表演者就會面向神明，參拜者就只能看到表演者的背後了。

至於**參道的部分，則是通往祭神坐鎮的本殿以及座落於本殿前方的拜殿**的道路。本殿與拜殿將於下節進一步說明。

神社境內可不只有這樣。

拜殿前方通常會有一對狛犬坐鎮，守護著整個神社境內。在稻荷神社的話則是狐狸，祂們都是神的使者，也就是神使（參考第十二節）。

參道的兩旁或是本殿的附近通常會有小小的神社，這類小神社又稱為攝社或末社。

攝社與末社的差異不大，但通常攝社的規模比較大，祀奉的通常是與本殿的祭神有淵源的神明★。

此外，位於神社境外的攝社或末社又稱為境外攝社與境外末社。

神職人員操辦行政事務的場所稱為社務所，有時也是授與神札的授與所。

有些神社還會設有繪馬殿這種裝飾繪馬的社殿。

除了上述這些建築物之外，**石燈籠、各種紀念碑以及圍繞在神社周圍的瑞垣也都是值得欣賞的部分。**

用語解說

★ **與本殿祭神有淵源的神明**：配偶神、御子神、祖神都是其中之一，也有可能是之前於本殿祭祀的神明。

社殿建築形式的大分類

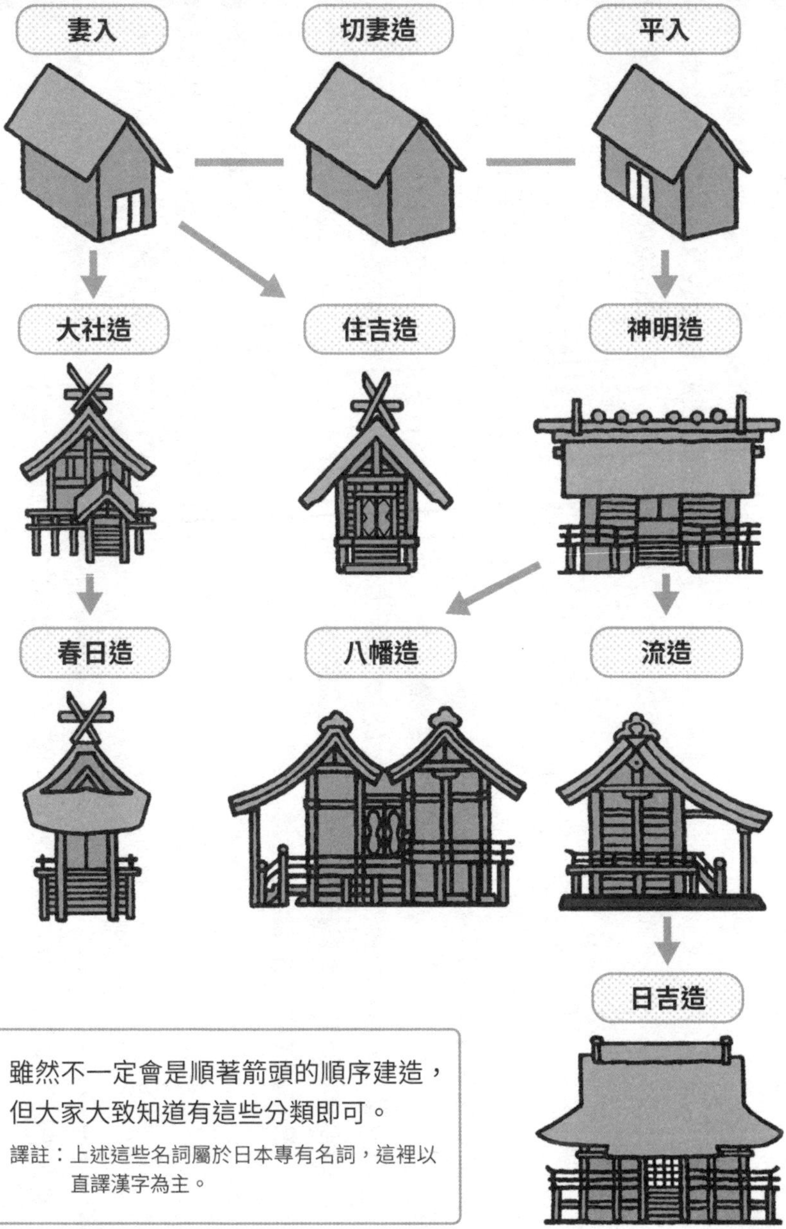

雖然不一定會是順著箭頭的順序建造，但大家大致知道有這些分類即可。

譯註：上述這些名詞屬於日本專有名詞，這裡以直譯漢字為主。

10 本殿與拜殿有什麼不同？

——本殿是安放御神體的社殿，拜殿是用來舉行儀式的社殿

若從結論說起，**本殿是安放「神社祭神棲宿的御神體」的社殿，拜殿則是「對該祭神舉行典禮」的社殿。**

或許有些人會覺得，這點事不用讀這本書也知道吧？但其實很常有人把本殿與拜殿混為一談，所以才特別挑出這個議題介紹。

之所以會常常被搞混，是因為許多神社的拜殿被建造為規模最大、最顯眼的社殿。

為什麼拜殿要蓋得這麼大、這麼突出呢？一來是因為拜殿是**神社的門面**，二來是要應付團體香客或是例行大型祭典所致。此外，應該也有**遮掩本殿所在之處的用意。**

在日本自古以來的價值觀之中，神聖或是高貴之物攤在陽光底下，隨便讓一般人參觀，是件非常失禮的事情。過去的平民之所以要在身份尊貴的人面前屈膝俯拜，就是這個道理。

既然對身份尊貴的人都要如此恭敬的話，那麼對神明當然要更加敬畏。

另一方面，**有些神社的本殿也會裝潢得金碧輝煌，有時甚至不惜使用黃金或是日本漆這些昂貴的材料，但通常都是為了取悅神明，所以一般人也無緣參觀。**

本殿的特徵之一就是有很多種建築樣式（參考前一頁）。比方說，岡山市的吉備津神社、靜岡縣富士宮市的富士山本宮淺間大社、群馬縣富岡市的一之宮貫前神社，都採用了獨樹一幟的建築樣式。一般認為，建築樣式與祀奉的神明有關，但至今仍不知道箇中緣由。

用語解說

★ **遮掩本殿**：有些神社會將本殿蓋成最為顯眼的社殿。

本殿與拜殿的差異

本殿是神明所在之地，通常蓋在較為隱密的位置。

本殿

本殿是安放御神體的建築物，也就是神明坐鎮之處，所以禁止香客進入與參觀，就連負責管理神社大小事的宮司也很少進入本殿。

拜殿

拜殿是舉行典禮、敬拜本殿神明的場所。
一般來說，都會蓋在本殿前方，但偶爾會看到與本殿化為一體的例子。

※有些神社沒有本殿，有些神社則沒有拜殿。

11 鳥居的象徵意義是什麼？

——是神社的象徵，也是神社境內與俗世的界線

平安末期，也就是西元十二世紀後半，後白河法皇命令下屬繪製《年中行事繪卷》，將宮廷與公家一整年的例行活動詳盡記錄下來。

其中的第十二卷是以梅宮大社（京都市右京區）的梅宮祭開始，卷頭也繪有梅宮大社的鳥居。如果繼續往後看，可以看到參道的正中央也有鳥居。

若問本節為什麼會從繪卷開始介紹，**是因為沒有完整保留至今的鳥居遺蹟★，鳥居的起源也因此成謎。**

從《年中行事繪卷》可以發現，十二世紀的京都神社曾有木造鳥居。

從地圖上的符號也可以得知，**鳥居是象徵神社的建築物**。雖然只是由兩根柱子與兩根橫樑架成，但還是能從遠方一眼辨識。

此外，**鳥居也是標示「穿過這裡之後，即為神聖之處」的結界**。雖然鳥居不是大門，卻明白地告訴所有人「這裡不是能隨便進入的場所」。

由此可知，鳥居是神社不可或缺的象徵，卻沒人知道鳥居的起源或是名稱從何而來。

一說認為，古代人覺得死者的靈魂會化身為鳥；一說則認為，鳥居源自印度的托拉納（拱門，Torana）或是中國的華表（中國傳統柱狀建築），但這些說法到目前都未得到證實。

此外，鳥居的構造雖然簡單，但樣式卻非常多元，**大致上可分成簡樸的神明系，以及華麗的明神系兩種**。前往神社參拜之後，調查一下該神社的鳥居屬於哪種樣式，也是一件很有趣的事情。

用語解說

★ **沒有完整保留至今的鳥居遺蹟**：目前歷史最為悠久的鳥居，是山形縣最上地區的石造鳥居，一般認為是於平安時代後期建造。

鳥居的各部位名稱與種類

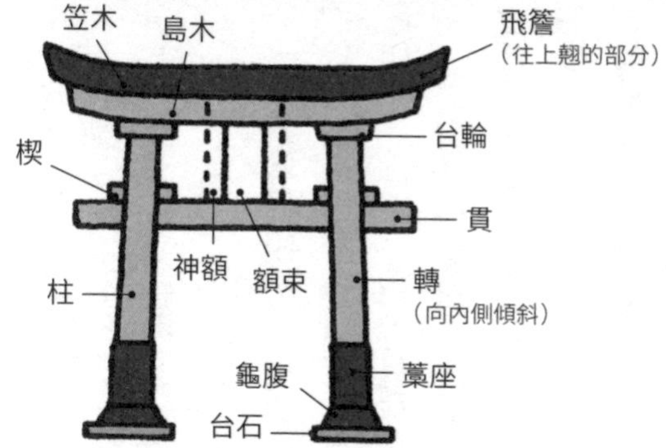

※註：參考外山晴彥編撰的《參觀神社的方式》（小學館）繪製而成

神明系

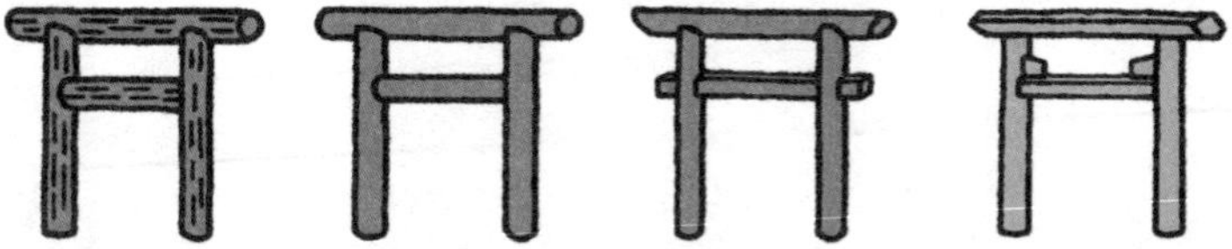

黑木鳥居
（野宮齋院、伊勢齋宮）

靖國鳥居
（靖國神社）

鹿島鳥居
（鹿島神宮）

伊勢鳥居「神明鳥居」
（伊勢內外宮、熱田神宮）

明神系

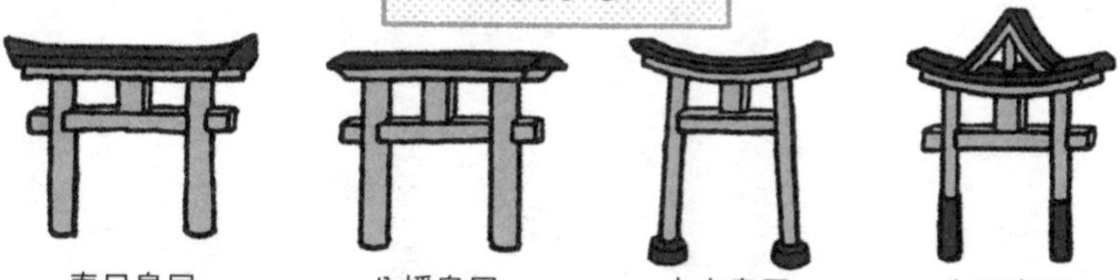

春日鳥居
（春日大社）

八幡鳥居
（石清水八幡宮）

中山鳥居
（中山神社）

山王鳥居
（日吉大社）

台輪鳥居「稻荷鳥居」
（伏見稻荷大社）

兩部鳥居
（嚴島神社、氣比神宮）

明神鳥居
（神田神社）

三輪鳥居
（大神神社）

※註：參考《神道用語與基礎知識》鎌田東二編著（日本角川書店）

12 狛犬與狐狸扮演什麼角色？

——狛犬是神社的守護神，狐狸是稻荷神的差使

狛犬到底是什麼樣的神犬呢？

昭和初期的小學國語教科書寫了一段「狛犬大大人 阿、狛犬大人 吽」的內容。

意思是，狛犬通常是一對★的，其中一隻是張口的「阿形」，另一隻則是閉口的「吽形」。

狛犬的意思是「高麗犬」。不過，這裡的「高麗」指的不是位於朝鮮半島的國家，而是外國的意思，這代表**狛犬是從外國傳入的。**

下列的說法雖然未經證實，不過一般認為，古代遠東地區都會在神殿前方設置保護神殿的石獅子，而這個習俗後來隨著佛教，從中國傳入日本，最後又演變成狛犬。

神社必有的狛犬，居然是隨著佛教傳入日本的這點，的確讓人有些意外。但觀察唐朝的如來三尊佛龕（石造三尊佛的浮彫藝術品），就會發現如來佛的腳底刻了一對獅子。

其實阿形狛犬也被認為是獅子，閉口長角（也有沒長角的）吽形狛犬則是狹義的狛犬。

守在神社門口的狛犬，是為了阻擋邪惡之物入侵神社。

另一方面，稻荷神社則是以「狐狸」代替狛犬。**這些狐狸的任務並非保護神社，而是在神社境內待命，隨時等候稻荷大神差遣，也可說是香客與祭神之間的橋梁。**

各處的神社或神明都有自己的神使。例如，天滿宮的神使是牛、日吉大社的神使是猴子、八幡宮的神使是鴿子。奈良之所以有很多鹿，也是因為鹿正是春日大社的神使，因而備受呵護的緣故。

用語解說

★ **阿形與吽形**：「阿」與「吽」是印度聖典文字的梵文的第一個字母與最後一個字母，相當於英文的A與Z。

各種神使

狐狸	稻荷神社
牛	天滿宮、天神社
鹿	鹿島神宮、春日大社
猴子	日吉大社、日枝神社
鴿子	八幡宮、八幡神社
烏鴉	魚野三山、羽黑山神社（熊野三山為八咫烏）
鰻魚	三島大社
老鼠	大國主
狼（御神犬）	倭建命
海蛇	出雲大社
山豬	護王神社、和氣神社

最具代表性的神使為狐狸。有些狐狸的石像，會咬著寶藏的鑰匙或是成就心願的寶珠。

狛犬是神社的護衛

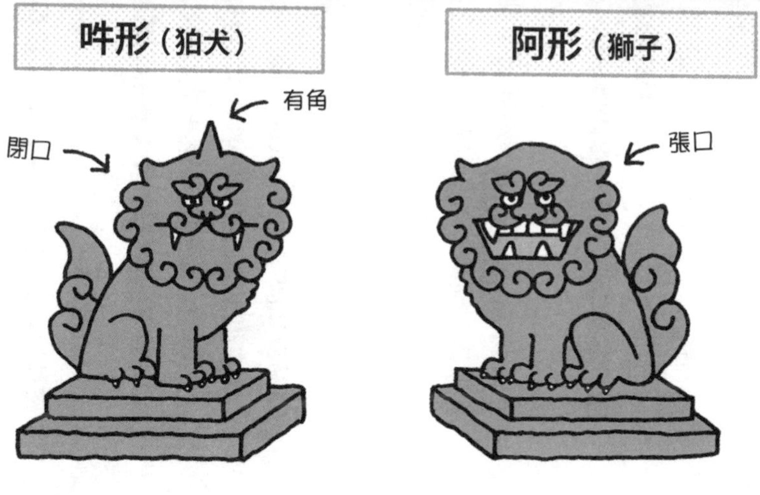

13 為什麼參拜之前要先清潔雙手與嘴巴？

——因為清淨全身的儀式太過麻煩

一如第九節所述，神社入口附近都設有手水舍（編註：設置水盤和木勺的地方）。某些佛寺也設置了手水舍，但基本上，這是從神社傳入的習俗。

前往神社參拜時，在手水舍清潔雙手與口腔可說是基本的儀式之一。

若問為什麼要清潔雙手與口腔，答案是因為日本的神明討厭污穢。任何宗教的神明都喜歡乾淨，而**日本的神明特別厭惡污穢★。**

因此，若照原本的方式，信徒必須先全身浸泡在海水或是河川，讓全身潔淨才能參拜。

其實就算是現代，要想踏上整座島都屬於宗像大社沖津宮境內的沖之島（位於福岡縣宗像市），也必須先在近岸的海裡進行潔淨身體的儀式（原則上，一般人禁止登陸）。

不過，**要進行潔淨身體的儀式，就必須脫到全裸的地步，而且很難一大群人一起進行，所以流傳至今才以清潔雙手與口腔的方式代替。**

順帶一提，**據說全日本第一位進行潔淨儀式的祭神，是創造日本國土的伊邪那岐。**

伊邪那岐為了讓一起創造日本國土、同時生下神明的妻子伊邪那美能死而復活，於是前往了黃泉之國（死者之國），但是看到已成為黃泉之國居民的伊邪那美的真面目之後，便急著逃回地上。

之後**為了洗去在黃泉之國沾染的污穢，而在海裡進行潔淨儀式。**

根據《古事記》的記載，天照大神就是在這個時候從伊邪那岐的左眼誕生，月讀神則是從右眼誕生，須佐之男則是從鼻子誕生。

用語解說

★ **特別厭惡污穢**：在日本眾神之中，也有廁神（馬桶神）這種不討厭污穢的神明。

手水的儀式

用右手拿起杓子蓄水後，用這杓水完成②～⑤的步驟。

將水淋在左手，再用左手拿著杓子，將水淋在右手。

用右手拿著杓子，用左手接一口量的水。

用左手的水漱口後，再將水淋在左手。

立起杓子，用剩下的水清洗杓柄。最後將杓子倒放在放置杓子的位置。

從黃泉之國（死者之國）逃回來的伊邪那岐，為了清潔身體而進入海裡。這個過程被認為是潔淨儀式的起源。自此，要親近神明之時（參拜或是參與神社的儀式），都會進行潔淨儀式。不過，每次參拜都要進行潔淨儀式的話，實在太麻煩，所以慢慢地便以手水清潔雙手與口腔代替。

14 參拜時，爲何要鞠躬兩次、拍手兩次再鞠躬一次？

——因爲在二戰後統一採取這個形式

前往神社參拜的方式★大致分成兩種。**其中一種是在拜殿前面搖鈴鐺，然後奉納賽錢（香油錢）；另一種則是走進拜殿，再進行奉獻的正式參拜。不管是哪種模式，都會以二拜、二拍手、一拜的方式參拜。**

如果是更為正式的方式，還會在二拜、二拍手、一拜的前後加上會釋（也稱為「揖」）。

其實直到近代之前，參拜的儀式並未統一，其中比較普及的是「兩段再拜」的模式。

所謂「兩段」，意指兩次低頭鞠躬，重複兩段動作則是連續兩次低頭鞠躬的意思，換成現代的做法就是先二拜、再二拜。

明治時代後，便根據兩段再拜的方式設計了二拜、二拍手、一拜的方式，第二次世界大戰結束後，這種方式也普及為正式的流程。

拍手原本是對上位者表示敬意的禮儀，《魏志倭人傳》（記錄邪馬台國的中國史書，於西元三世紀寫成）也將拍手記載為倭人的禮儀之一。

進入平安時代之後，對上位者表示敬意的拍手慢慢式微，卻以參拜神社的方式流傳至現代。**據說，伊勢神宮神職人員所使用的「八開手」，源自古代最高級的禮儀。**

其實現代也有一些神社傳承了特殊的參拜方式。比方說，出雲大社就是其中之一，使用的是二拜、四拍手、一拜的正式參拜方式。

此外，參拜之際的拍手又稱為「柏手」，但一般認為，這是誤將「拍手」的「拍」寫成「柏」的結果。

用語解說

★ **前往神社參拜**：參道的正中央是神明走的路，所以香客應盡量避免走在正中央。

二拜二拍手一拜的方法

1

先站在神前，再端正自身的姿勢。

2

接著直接 90 度鞠躬兩次。

3

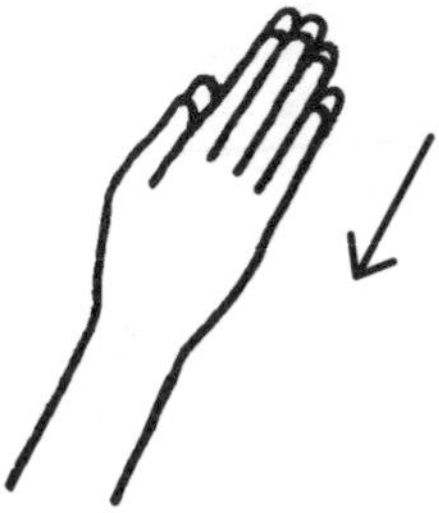

在胸前合掌，右手的手指要稍微往下錯開。

4

讓雙手張開至與肩同寬的程度，再拍兩次手。

5

讓往下錯開的手指往上靠攏，再深深地鞠躬一次。

採用二拜、四拍手、一拜這種正式參拜法的神社

- 出雲大社（島根縣出雲市）
- 宇佐神宮（大分縣宇佐市）
- 彌彥神社（新潟縣西彌彥村）

15 祝詞的內容是什麼？

——神明的話語或是對神明的祈求

在神社舉辦儀式或是地鎮祭的時候，齋主（負責舉辦儀式的神職人員）通常會攤開一張原本折起來的紙，然後以非常正式的語氣宣讀裡面的文字，想必很多人都看過這個景象。

於此時宣讀的文字又被人們統稱為祝詞（日文發音為norito，若是念成shukushi，就會是另一個意思）。

聽起來很像是在感謝什麼事情，但是卻完全聽不懂。

許多祝詞又稱為「大祓詞」★，而且是以古代日文寫成，所以用字遣詞非常複雜與困難，而且對象是神明，不是列席的參與者，所以就更加難懂。

齋主可透過祝詞與神明溝通。

祝詞分成宣下體（宣命體）與奏上體兩種，前者是神諭，後者則是獻給神明的感謝或是祈求，方向可說是正相反，不過都是神明與人類之間的溝通橋梁。

於現代神社唱誦的，多半是奏上體的祝詞。

若從《古事記》與《日本書紀》的神話來看，**祝詞的起源可回溯到天照大神躲進天岩屋的時候。**

當天照大神被須佐之男的胡作非為氣到躲進天岩屋之後，整個天地陷入一片漆黑，也出現了各種災厄。不知如何是好的眾神們，只好聚在岩屋之前舉行祭典，希望將天照大神拐出岩屋。據說，此時天兒屋命在岩屋之前唱誦的「布刀詔戶言」，就是祝詞的起源。

用語解說

★ **大祓詞**：於6月30日以及12月31日舉行的大祓（洗淨半年罪惡的神事）所唱誦的祝詞。

祝詞有兩種意義

宣下體 布達神明意旨的禪詞

奏上體 向神明祈求的祝詞

獻上祝詞的儀式

當齋主（主持神事或是祭典的神職人員）獻上祝詞時，列席者要讓上半身傾斜 60 度，做出鞠躬的姿勢，也嚴禁竊竊私語與攝影。

16 神主也分位階嗎？

——是的。負責的職務與裝扮會隨著位階而不同

隨著陰陽師的題材在小說、漫畫或是動畫界越來越熱門，最近也有越來越多人扮裝神主★（神職人員）的角色。不過，就算穿上狩衣、帶上烏帽、手拿笏，也無法成為神職人員。

要成為神職人員，必須在國學院大學或是皇學館大學等這類培訓機構，接受專業的訓練，或是通過神社本廳的考試。

不過，這只是取得了神職人員的初步資格，因為這個**資格（位階）總共分成五級**，這五級的名稱分別是淨階、明階、正階、權正階與直階，這五個名稱主要源自神道的基本道德——「淨明正直心」，而「權」則是「臨時」的意思。

要想升級就必須接受檢定考試，而且要擔任神社的主要職務，就必須取得更高的位階（以一般神社的宮司為例，至少要取得權正階的資格）。

除了上述的位階之外，**若是對神道界有所貢獻，還能取得不同的身份**，由上而下依序為特級、一級、二級上、二級、三級與四級。

穿在身上的衣袍（神職人員所穿的日式上衣）或是袴的顏色與花紋，會隨著身份而不同。

此外，**神社的職務也有位階之分。**

在負責經營神社的各種職務之中，管理神社的「宮司」為最高階的職務，底下還有負責典禮大小事宜的禰宜與神主。不過，神社的規模若是太大，就無法只憑這些人力營運，所以宮司底下會設有權宮司，禰宜底下會另設權禰宜。

此外，通常會將無法擔任神社職務的人稱為「出仕」，也就是見習生的意思。

用語解說

★ **神主**：由於有「主」這個字，所以很多人誤以為，這是神社最高階的職務，但其實這是神職人員的統稱，古時候寫成「神祝」。神社最高職務為宮司。

神主的位階與裝束

位階

要在隸屬神社的本廳擔任職務（權禰宜以上）所需的資格（檢定制）

職階

各神社的神職

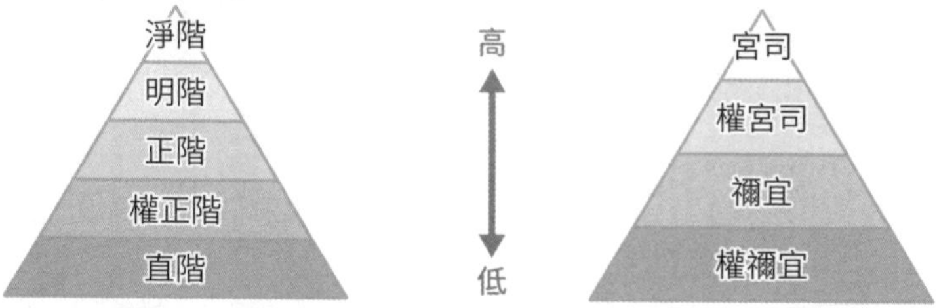

● 裝束的顏色與花紋會隨著身份而改變

除了上述的位階之外，還會依照對神社界的貢獻度區分出6級身份

	等級	袴的顏色與花紋	袍的顏色
神職身份	特級	白底白色花紋	黑
	一級	淡紫底白色花紋	
	二級上	紫底淡紫花紋	紅
	二級	紫色（無花紋）	
	三級	淺蔥色（無花紋）	綠（縹）
	四級		

男性神職的日常裝束

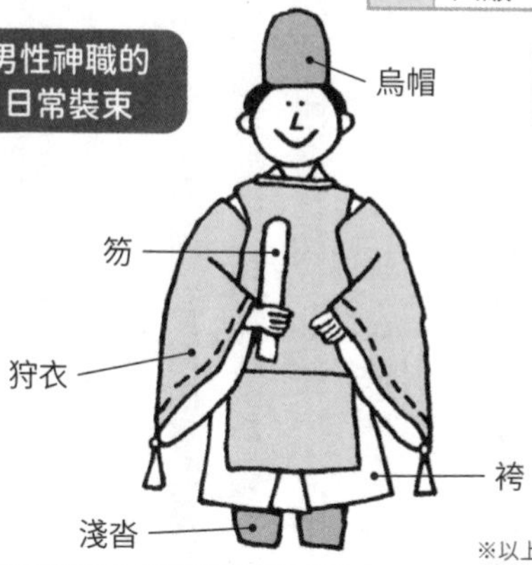

女性神職的日常裝束

※以上根據神社本廳監修的《神社的基礎知識》（扶桑社）繪製。

神職的裝束分成正裝、禮裝與常裝三種。正裝是大祭的服裝，會於天皇、三后（皇后、皇太后、太皇太后）、皇太子或皇太孫參拜時穿著。禮裝是中祭的服裝。常裝則是於小祭或是神社的例行儀式穿著。一般人最常見到的就是常裝。

17 巫女的職務是什麼？

——過去是透過靈力讓百姓得知神諭，如今是輔佐神職的職務

巫女並非神職，所以不需要取得資格才能擔任，但也不是誰都能勝任。

儘管巫女不是神職，卻仍是事奉神明的聖職，所以必須是符合前述的神道基本道德「淨明正直心」要求的人，而且也得接待參拜者，所以也很講究人品。

在此要請大家注意的是，**女性神職人員並非巫女**。有不少人誤以為女性神職人員就是巫女，但一如前節所述，女性神職必須通過考試才能擔任，裝束與巫女也不相同（參考前一頁）。

最近女性宮司越來越多。女性神職的裝束與男性神職不同，有機會遇見的話，還請大家仔細觀察。

讓我們回到巫女的話題吧！

在過去，巫女是神靈附身的載體，也會讓自己的靈魂前往神明身邊，聆聽神明的話語，再回到人間傳布神明的旨意。一般認為，於《古事記》與《日本書紀》神話記載的天宇受賣命★就是古代巫女的模樣。

此外，**咸認邪馬台國的女王——卑彌呼——具有巫女的能力**。

由此可知，巫女在過去是神事、祭典的主角之一，但隨著時代的演變，傳布神旨的角色越來越不重要，確保儀式莊重進行的角色反而越來越吃重，**所以現代的巫女幾乎都只負責輔助神職人員**。

不過，即使到了現代，巫女之舞仍是取悅神明的重要表演之一。

用語解說

★ **天宇受賣命**：當天照大神躲在天岩屋的時候，天宇受賣命便在岩屋前面跳舞，引出天照大神。此外，也曾負責問出猿田彥的姓名。

巫女扮演的角色產生了哪些變化？

古代的巫女

角色

- 擁有讓神靈附身的靈力。
- 有時會是神明的妻子。
- 神功皇后或是卑彌呼也扮演了巫女的角色。

近代或現代的神社巫女

角色

- 在神明面前獻舞。
- 幫助參拜者完成參拜。
- 授與神札與緣起物（吉祥物）。
- 負責打掃神社境內。
- 原則上不需要取得資格就能擔任。

18 神社也收藏了寶物？

——是的，不過都是獻給神明的寶物

神社的寶物又稱為「神寶」，日文讀音為「kamudakara」。

不過，神寶與怪盜魯邦盯上的那些寶物不太一樣，因為**神寶並非凡人眼中的珍寶，而是取悅神明的寶物。**

神寶大致可分成兩種，一種是由信徒獻給神社的寶物，一種是為了祭神而製作的寶物。

前者通常是由貴族或諸侯奉獻，所以較接近我們印象中的寶物，但狹義的神寶往往指的是後者。

說得更仔細一點，為了祭神而製作的神寶，就是神明的裝束或是用來裝飾社殿的帳（例如垂掛的錦布，主要當作隔牆之用）與其他裝飾品，不然就是武具、樂器、文具、神明日常用品。

以伊勢神宮為例，裝束共有五百二十五種、一千零八十五件，其他的神寶則有一百八十九種、四百九十一件。

令人驚訝的是，**這些裝束與神寶會在每二十年舉辦一次的式年遷宮★重新製作。**

通常會以最精良的材料與技術，原封不動地重新製作，再獻給神明。

為什麼要耗費如此精力與金錢重新製作呢？答案是**日本的神明喜歡新東西。為了將最好的東西獻給神明，所以要耗費二十年的時間製作神寶。**

一般的神社不會如此勞師動眾，但還是會盡心盡力，將最好的東西獻給神明。

用語解說

★ **式年遷宮**：每20年重建一次社殿，將神靈迎至新社殿的儀式。在過去，伊勢神宮之外的神社也會舉行相同的儀式。

「神寶」是獻給神明、取悅神明的寶物

為神明準備的衣物

為神明準備的武具

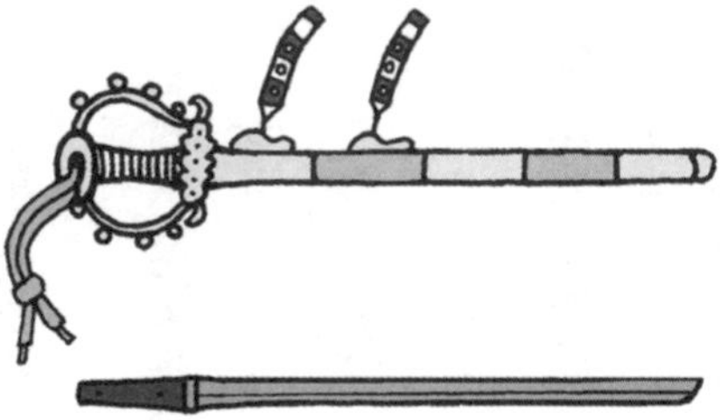

為神明準備的化妝用品

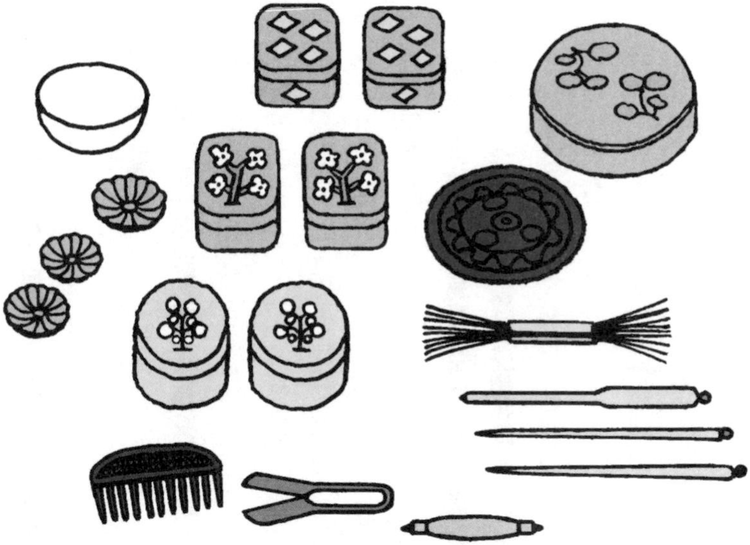

伊勢神宮舉辦式年遷宮時，
除了重新建造社殿，還會重新製作神寶。

19 宮中三殿也是神社？

——雖然不是神社，卻祀奉所有的神明

大家聽過宮中三殿嗎？

就算沒聽過，應該也曾在電視新聞上，看到天皇陛下即位、參與特別活動與元旦時，在皇居的神殿參拜的畫面，此時畫面之中的建築物就是宮中三殿。

顧名思義，**宮中三殿是由三座神殿（社殿）所組成。位於正中央的社殿統稱為「賢所」**，指的是「敬畏之處」，祀奉的是天皇陛下的祖先，也就是天照大神，所以一直以來，這座社殿都被人們稱為賢所。

賢所的御神體則是三大神器之一的八咫鏡★。

位於賢所東側（望向賢所之際的右側）為神殿，其中祀奉了天神地祇與八百萬神，**不管是高居天上的天神，還是坐鎮地上的國神，都是祀奉的對象。**

位於另一側的社殿則是皇靈殿。其中祀奉著天皇陛下的祖先，也就是歷代天皇、皇后、皇子、皇女的御靈。

我知道大家在看到宮中三殿祀奉了神明這點之後，會覺得「這不就是神社嗎？」但是宮中三殿是天皇陛下祈求國家的平安、發展與國民幸福的場所，**若非皇室成員，是絕對無法入內參拜的，也因此不同於一般的神社。**

宮中三殿除了前述的三座神殿之外，還包含舉行新嘗祭（天皇陛下將新米獻給神明，與神明一同進食的祭典）的神嘉殿，以及天皇陛下潔淨己身或換上正式服裝的綾綺殿，還有準備神饌（獻給神明的食物）的膳舍與演奏神樂的神樂舍。

用語解說

★ **八咫鏡**：天照大神委託其孫——邇邇藝命——帶到凡間的寶物。原物於伊勢神宮內宮供奉，賢所的八咫鏡為御分身。

祀奉天照大神、八百萬神與歷代天皇御靈的宮中三殿

賢所內部平面圖

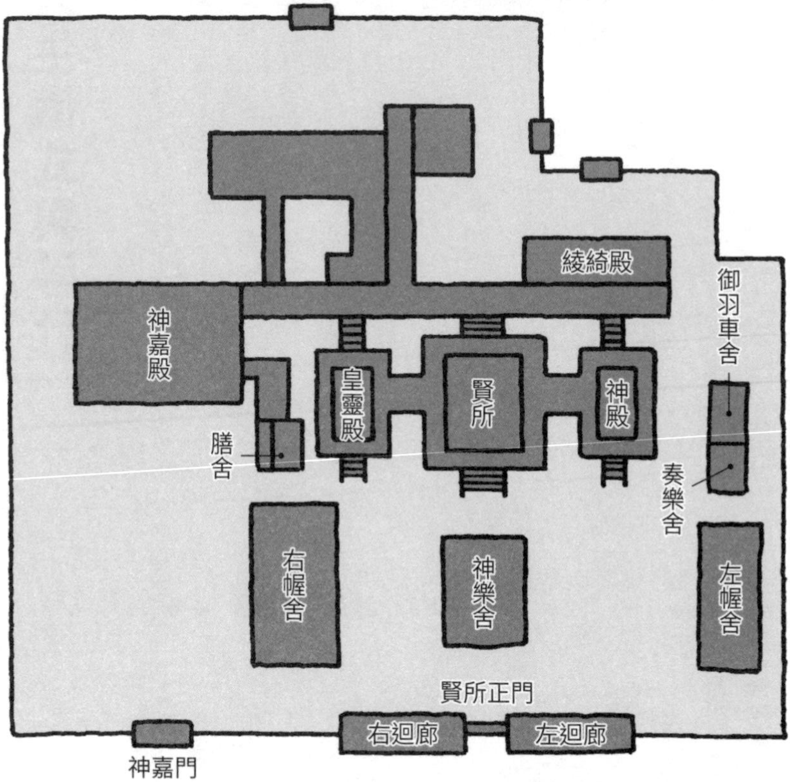

※註：參考財團法人神道文化會《明治維新神道百年史（第一卷）》。

賢所

祀奉天皇的祖先神天照大神

神殿

祀奉天神地祇、八百萬神的場所

皇靈殿

祀奉歷代天皇、皇后、皇子、皇女御靈的場所

神嘉殿

舉行新嘗祭的場所

綾綺殿

天皇入浴或齋戒（潔淨身心之處）的場所

Column 1

人生儀式與神社

出生、長大成人、結婚這類人生重大階段所舉行的儀式，稱為人生儀式。

自古以來，日本人會為了舉辦這些人生儀式而前往氏神神社參拜。

這是為什麼呢？在說明之前，先讓我們看看人生儀式都包含哪些內容吧！

慶祝誕生	0歲
命名	0歲
第七夜	0歲
初次參拜	0歲
初次過節	0歲
初次餵食	0歲
滿週歲	1歲
七五三	3～5歲
滿十三歲	13歲
成人式	（各地區不同）
結婚式	
厄年	25歲
還曆	60歲
古希	70歲
喜壽	77歲
傘壽	80歲
米壽	88歲
白壽	99歲
葬禮	

想必大家已經發現，大部分的人生儀式集中於幼年時期。

這是因為在過去，幼兒夭折的機率很高。

換言之，人生儀式就是感謝神明讓小孩得以平安長大，以及祈求神明繼續保佑的儀式。

前往氏神神社參拜，則是讓祖先看看小孩健康長大的模樣。

第2章

祭神的源起與推薦的神社

20 神社共分成哪幾種？

——大致分成天神、國神的神社或是分社

神社的分類相當複雜。

神社通常是各地方基於信仰自行建造，所以各有特色，不像佛寺是為了傳播教義而於各地興建。

換言之，**不管如何分類，都會出現無法分類的神社。**

當然，也能以式內社或別表神社（參考第七節）這種方式，區分有特殊含意或是沒有特殊含意的神社，但正確來說，這不算是分類。

另一種則是依照祭神的性質分類。具體來說，就是將神社分成祀奉天神的神社、祀奉國神的神社以及祀奉其他神明的神社。

天神就是住在天上（高天原）的眾神，也就是創造日本國的伊邪那岐與伊邪那美、統治天界的天照大神、降伏八岐大蛇的須佐之男，也就是與皇室或古代大和朝廷的氏族息息相關的神祇。

反觀國神，則是一開始就於人間居住的眾神。比方說，開發國土的大國主以及祂的兒子「事代主神」，或是被譽為富士山之神的木花之佐久夜毘賣。

其實有不少神明（神社的祭神）不屬於上述這兩類。比方說，平定吉備地區的孝靈天皇皇子吉備津彥★，或是被譽為天神大人的菅原道真，都不是天神也不是國神。

此外，有些神社就像是連鎖商店般，擁有許多分社。這種神社稱為靈威社，如宇佐神宮、伏見稻荷大社、北野天滿宮、太宰府天滿宮、宗像大社、嚴島神社都是其中之一。

用語解說

★ **吉備津彥**：岡山縣的吉備津神社、吉備津彥神社的祭神，也被譽為桃太郎的雛型。

神社的分類

分類法① 天神、國神與其他神祇的分類方式

神社

第1分類

祀奉天神的神社

屬於祀奉高天原眾神的神社，通常是與皇室或大和朝廷的氏族有關的祖先神或守護神。

例：伊勢神宮（天照大神）、春日大社（天兒屋命）、鹿島神宮（建御雷）、宗像大社（宗像三女神）。

第2分類

祀奉國神的神社

祀奉原本就於地上棲宿的神祇的神社，以大和朝廷吞併的地區居多。

例：出雲大社（大國主）、大神神社（大物主）、諏訪大社（建御名方）、美保神社（事代主）。

第3分類

其他神社

源自民間信仰、來外信仰的神社

例：吉備津神社（吉備津彥）、北野天滿宮（菅原道真）。

分類法② 靈威社分社的分類（以八幡宮、八幡神社爲例）

八幡宮、八幡神社

第1分類

宇佐神宮與其分社

全國八幡社總本宮的宇佐神宮（大分縣宇佐市）以及相關的直接分社。比方說，石清水八幡宮（京都府八幡市）、宇佐八幡神社（愛媛縣西條市）。

第2分類

宇佐神宮分社的分社

從宇佐神宮分社分出的分社。比方說，石清水八幡宮的分社——鶴岡八幡宮（神奈川縣成倉市）、今宮八幡宮（群馬縣高崎市）。

第3分類

宇佐神宮分社的分社的分社

從宇佐神宮分社的分社分出的分社。比方說，鶴岡八幡宮的分社——代代木八幡宮（東京都澀谷區）、六手八幡神社（千葉縣君津市）。

21 不同的神明負責成就不同的願望？

——每位神明都有擅長的領域

不是每間神社都有固定祈求的事項。每間神社的祭神都會傾聽參拜者的祈禱，給予適合該參拜者的保佑★。

不過，日本神明都很有個性，若能祈求符合神明個性的事情，應該能夠立刻得到保佑。

比方說，平定地面的建御雷神或是經津主神等，都屬於武神，向祂們祈禱武術精進這類願望最為適合，或是祈求與武術一樣追求勝負的運動等，應該也能得到保佑。

另一方面，如果想要祈求病情好轉或是常保健康，可以向傳播醫藥知識的大國主神或是少彥名神祈禱。

一說到學問之神，大部分的日本人都會想到被稱為天神的「菅原道真」，但其實猶如天神智多星的思金神，或是追求學問的應神天皇皇子菟道稚郎子，以及平安初期公卿小野篁，都是受信徒愛戴的學藝之神。

自古以來，也有深受女性愛戴的神明。比方說，明明遇到特殊情況，最終還是平安生產的木花之佐久夜毘賣、豐玉毘賣，或是身懷六甲，卻能遠征他國，最後凱旋歸來的神功皇后（也就是仲哀天皇的皇后與應神天皇的母親），都是能保佑安產、小孩平安長大的神明。

至於稻荷神、大黑天（大國主）與惠比壽神，這些雖然是性質各異的神明，但都是讓人生意興隆，發財賺大錢的神明。

此外，若要預防火災，則以愛宕神社、秋葉神社較為靈驗，如果是要預防地震，則以鹿島神宮（鹿島神社）較為靈驗。

用語解說

★ **保佑**：日文原文為「利益」，是源自佛教的詞彙，所以通常會置換為「神德」，不過兩個詞彙的意思有些差異，本書兩種都會使用。

不同的神明負責不同的願望

智慧之神

例如：思金神

菅原道真、小野篁、
菟道稚郎子也很有名

保佑　學問精進、考試及格、
研究開發順利

武神

例如：建御雷

經津主神、八幡神
也很有名

保佑　怨敵退散、贏得勝利、
擅長的運動項目

安產、小孩平安長大之神

例如：木花之佐久夜毘賣

豐玉毘賣、神功皇后
都很有名

保佑　安產、小孩平安長大、
懷孕生子

商業、農業之神

例如：大黑天（大國主）

惠比壽神、住吉神、豐受
大神、稻荷神也很有名

保佑　生意興隆、財運亨通、
五穀豐收

22 保護國家或地區的神社

——祀奉土地神靈或是武神的神社

神社與當地的淵源極深，所以不管是哪個地方的神社，都一定會守護當地的和平與安全，但是就像前一節所說的一樣，每位神明都有擅長的領域，有些神明也以保護國家或是地方為自己的本份，也有神社祀奉這類神明。

如果一開始就以伊勢神宮（三重縣伊勢市）為例，想必會引來非議吧！

被日本全國奉為本宗★的伊勢神宮，是地位最為崇高的神社。一如國家的領袖不會直接干涉政策的細節，伊勢神宮也不會插手每個人的願望。

但也正因為如此，**伊勢神宮才能透過日本全國的神社，保護日本的平安。**

其實在保護國家或是地方的神社之中，還分成祀奉土地神靈的神社，或是祀奉武神的神社。

土地神靈是指於土地棲息的有靈之物，也可說是土地神、地主神。不過祂們不是只保佑「町」或「村」等這類小地方的神明，而是保佑大地區的神明。這類神明又稱為國魂（國靈或是國玉）。

大阪市的生國魂神社或是長野縣上田市的生島足島神社，**其中所祀奉的「生島神」與「足島神」都是稱為日本國魂的神明。**

至於武神方面，以建御雷、經津主神以及打倒吉備地區惡鬼的吉備津彥為代表。

住吉神（住吉大社）、宗像三女神（宗像大社）、八幡神（宇佐神宮、石清水八幡宮）等，則因為能安撫元寇這類外敵侵略所帶來的恐懼，而得到當地人民的信奉。

用語解說

★ **本宗**：神社本廳的專門用語。意思是伊勢神宮為全國所崇敬的神社，也是地位最為尊貴的神社。

保護國家或地區的神社

伊勢神宮
（三重縣伊勢市）

伊勢神宮分成祀奉天照大神的內宮，以及祀奉穀物神豐受大神的外宮。照片為內宮的正宮前方。

大國魂神社
（東京都府中市）

大國魂神社是武藏國的總社，也是東京五社之一。祭神大國魂大神為武藏的國魂之神，與出雲的大國主是同一位神祇。

生國魂神社
（大阪市天王寺區）

自古以來，生國魂神社就祀奉著保護國土的生島神與足島神。

23 位於靈山的神社

——源自古代山岳信仰的神社

自古以來，日本人相信深山中自有神靈。

除了富士山、白山、出羽三山這類全國知名的靈山之外，許多環繞在家鄉四周的高山，也都被當地居民敬為神山。

有些地區的山則是亡靈的歸處。爬上山頂的亡靈，最終會與守護子孫的祖靈或祖神融為一體。

一直以來，日本人都將這類神靈棲宿的高山敬為靈山。但與現代不同的是，過去的人們若非必要，絕對不會攀登靈山，以免侵犯神明的領域。

一般認為，這類信仰上的變化是從佛教傳入日本之後才出現，因為開始有人將這些深山視為修行的場所★。

自此，有些人開始在靈山興建神社或是佛寺。進入中世紀之後，一般人也會前往這類神社或佛寺參拜，靈山的開發也越來越快。

讓這個狀況產生驟變的，是明治初期的神佛分離政策。

過去，大部分的靈山都採取神佛一起祀奉的神佛習合信仰，所以有許多靈山也發動了排佛運動，**導致山上的佛殿或是佛塔被迫拆除，佛像與佛經也被移除，最終只剩下神社而已。**

此外，像是富士山或是白山這種信仰範圍極度廣泛的靈山，神明往往會受到多處神社同時祀奉。以富士山為例，靜岡縣這邊有富士山本宮淺間大社，山梨縣則有北口本宮富士淺間神社，這兩間神社也都是當地的信仰中心。

用語解說

★ **將深山視為修行場所的人**：初期的山岳修行者都為密教的行者，但是當密教納入神道與陰陽道的思想後，就發展成修驗道（受佛教影響的山岳信仰）。

自古以來，因山岳信仰而聞名的靈山

富士山

相傳富士山本宮淺間大社（靜岡縣富士宮市），是在第11代垂仁天皇時期所建造，其祭神為木花之佐久夜毘賣（淺間大神）。咸認淺間大神鎮住了富士山，讓富士山這座活火山不至於爆發，也因此得到日本全國的敬仰。

出羽三山（月山、羽黑山、湯殿山）

自古以來，出羽三山的月山神社（山形縣庄內町）、出羽神社、湯殿山神社（兩者都位於山形縣鶴岡市），都被視為修驗道的道場，修驗道也於日本全國各地普及。

白山

奈良時代初期，白山已有修驗道的道場，修驗道也於日本全國慢慢普及。日本白山神社總本社的白山比咩神社社殿（石川縣白山市），就位於白山山麓與山頂一帶。

24 鎮魂的神社

——祭祀含怨而死的人與死於路途之中的人

話說回來，在神道的概念裡，神明與人類之間有一條不可跨越的鴻溝。

雖然神明有時會與人類女性產下後代，但人類無法變成神明，也不能像神明那樣得到祀奉。

不過，**在進入奈良時代之後，人們便相信滿懷怨恨的人在死後會帶來瘟疫。**

時代背景之所以會出現如此的轉變，與奈良時代後期延續到平安時代初期的政爭有關，也與都城的公共衛生因為人口過於密集而每況愈下的情況有關。

由於當時的掌權者認為，瘟疫源自怨靈作祟，所以便舉行了鎮魂的祭典，讓怨靈升格為御靈，而這個祭典就稱為御靈會。

除了舉行祭典之外，還另外建造了神社，也就是京都的上御靈神社與下御靈神社。

在滿懷怨恨而死，最終被奉為神明的人之中，最為有名的莫過於菅原道真。

是知名學者，同時也是漢詩詩人的道真，雖然得到宇多天皇與醍醐天皇重用，後來卻因政爭貶官至太宰府，道真也因此懷著滿腔怨恨而病死。死後便升格為天神，並懲罰了政敵。

不過，**只有在一開始的時候，是因為害怕才把菅原道真奉為御靈，之後菅原道真便成為學問之神。**

有些路途中喪命的人也會被奉為神明。最知名的莫過於倭建命★。曾經遠征各地，途中遭遇大熊攻擊、並英勇討伐叛逆部族的倭建命，最後在前往討伐伊吹山之神的途中病死，得年三十二歲。一般認為，為了祀奉祂的御靈所建造的神社，就是滋賀縣大津市的建部大社。

用語解說

★ **倭建命**：第12代景行天皇的皇子。在《古事記》與《日本書紀》之中，被記載為歷史人物，但其實是半神半人的英雄。

源自御靈信仰的神社

上御靈神社
（京都市上京區）

上御靈神社是在平安京遷都之際，桓武天皇為了祀奉早良親王的御靈，所建築的神社。

於每年5月18日舉行的御靈祭渡御之儀，讓現代人一窺日本歷史最為悠久的御靈會的全貌。
神輿、劍鉾、牛車會於氏子地區巡迴。

北野天滿宮（京都市上京區）、太宰府天滿宮（福岡縣太宰府市）

於平安時代建造的北野天滿宮與太宰府天滿宮，是為了安撫菅原道真的怨靈所興建的神社。

於西元947年建造的北野天滿宮，是因為有巫女接收到道真的神諭，知道該於何處建造神社之後，建議朝廷建造的神社。

太宰府天滿宮則是西元919年，由天皇下令在道真墓地建造的社殿。

25 氏族的神社

——祀奉氏族祖先或是特定職業的神明

自古以來，凡是強大的氏族都有自己的氏神，族人也會建築神社忠實地祀奉祂們。

一般來說，**氏神就是神格化的氏族祖先，但有時候會是守護特定職業的守護神★**。如中臣氏（後來的藤原氏）就奉天兒屋根命為祖神，物部氏以邇藝速日命為祖神，至於忌部氏則以布刀玉命為祖神。這三位祖神分別於枚岡神社（東大阪市出雲井町）、磐船神社（大阪府交野市）、天太玉命神社（奈良縣橿原市）祀奉。

後來，藤原氏也開始奉鹿島神宮（茨城縣鹿嶋市）的建御雷，以及香取神宮（千葉縣香取市）的經津主神為氏神，這兩位祖神則與天兒屋命的妃神一起與奈良的都城祀奉，也就是在春日大社（奈良市春日野町）祀奉。

忌部氏除了與中臣氏一樣，都是掌管朝廷祭典大小事項的氏族，也是開拓阿波（德島縣）與安房（千葉縣南部）的知名氏族。這兩個地區的讀音之所以都是「awa」，便是源自這個典故。

忌部氏在上述這兩個地區，建造了祀奉布刀玉命的神社。這兩座神社分別是大麻比古神社（德島縣鳴門市）與安房神社（千葉縣館山市）。大麻比古神社將布刀玉命奉為大麻比古大神。

在平安遷都之前開拓都城的賀茂氏與秦氏，也有各自的氏神。

賀茂氏的氏神神社為——上賀茂神社（賀茂別雷神社）與下鴨神社（賀茂御祖神社）。上賀茂神社祀奉的是賀茂別雷神，下鴨神社祀奉的是賀茂氏的母神與祖父神。**秦氏的氏神神社，就是知名的稻荷神社總本宮——伏見稻荷大社與松尾大社。**

用語解說

★ **守護神**：比方說，玉造部的祖神為玉祖命，就被奉為製造勾玉的守護神。

祀奉古代氏族祖先神的神社

枚岡神社
（東大阪市出雲井町）
中臣、藤原氏的氏神神社

天兒屋命是於天孫降臨之際，隨著邇邇藝命降臨的天神，在神武東征之後，於河內國的神津嶽受祀。枚岡神社是飛鳥時代的中臣氏族平岡連將原本的神社移至現止所建造的神社。

磐船神社
（大阪府交野市）
物部氏的氏神神社

物部氏的祖先神，是比邇邇藝命早一步降臨大和國的邇藝速日命。一般認為，磐船神社是由統治這塊地區的肩野物部氏所建造，而邇藝速日命從高天原降臨大和國所乘坐的巨石，也成為磐船神社的御神體。

天太玉命神社（奈良縣橿原市）
忌部氏的氏神神社

忌部氏祖先神——布刀玉命，也是於天孫降臨之際降臨的神明。祀奉布刀玉命的天太玉命神社，其週遭地區曾是忌部氏的大本營。

26 成就人生願望的神社

——例如安胎、求學、做生意、出人頭地這類願望

《古事記》或是《日本書紀》這類神話都沒有神明滿足人們願望的故事。雖然在《風土記》中曾提到，大國主與少彥名神傳授醫藥知識與溫泉的療效★，但並沒有提到神明滿足人們願望的故事。

反倒是神明會要求百姓「祀奉自己」或是「修建社殿」。

之所以如此，應該是因為每個氏族都有固定祀奉的神明。簡單來說，氏族向神明祈求的是全族的興盛或是地方的平安，而不是祈求個人的願望。

不過，當時代從中世進入近世之後，神社與人們之間的關係就改變了。**維護信仰的職責從貴族交到庶民手中之後，神社也變得能夠滿足庶民最樸實無華的願望。**

話說回來，全國各地都有滿足不同願望的神社，若真要一一介紹，恐怕再有幾頁的版面也不夠，所以在此僅依照人類一輩子可能會祈求的願望，列出具代表性的神社。

人生的第一個願望當然非「平安誕生」莫屬，這當然也是每位母親的願望。

關於安產的神明，已於本書第二十一節說明，還請大家回頭看看。至於神社的部分則請參考左頁的說明。接在安產、育子之後的求學（考試合格）的部分也請參考左頁的說明。

僅次於平安長大的願望，應該就是出人頭地或是生意興隆吧！

用語解說

★ **溫泉的療效**：根據《伊予國風土記》的記載，大國主在少彥名神生病的時候，特地將別府的溫泉引來松山，利用溫泉替少彥名神治病。據說這就是道後溫泉的起源。

能滿足安產、求學、生意興隆這些願望的神社

安產

水天宮（東京都中央區）

本宮位於福岡縣久留米市。源氏與平氏的大戰結束後，倖存的平氏女官為了祀奉在戰場溺死的安德天皇而建造了水天宮。東京分社則是由久留米藩的邸內社（宅院之內的小神社）發展而來。

其他知名神社

鵜戶神宮（宮崎縣日南市）
宇美八幡宮（福岡縣宇美町）

求學

小野照崎神社（東京都台東區）

替《令義解》寫序的知名學者小野篁（西元802～853年）死後，得到在地居民的祀奉，而這就是小野照崎神社的起源。本殿也有合祀的菅原道真。

其他知名神社

宇治神社（京都府宇治市）
全國的天滿宮、天神社

商業

今宮戎神社（大阪市浪速區）

據說是聖德太子（西元574～622年）建造的古老神社。這座神社的祭神為事代主神（惠比壽神）。每年一月舉行的十日戎祭典，總會吸引超過一百萬名參拜者，前來祈求生意興隆。

其他知名神社

西宮神社（兵庫縣西宮市）
金刀比羅宮（香川縣琴平町）

至於祈求出人頭地或是生意興隆的話，就以稻荷神社最為有名。有些稻荷神社甚至被稱為「出世稻荷」。雖然稻荷神是秦氏的氏神（參考第二十五節），但從稻荷兩字可以知道，祂也是守護稻作的神明，所以後人便與各地的稻田信仰結合，成為全國知名的神明。

由於想到豐收，就會想到興盛與富貴，所以慢慢地，人們開始相信稻荷神社也能保佑大家生意興隆或是出人頭地。

大國主與惠比壽神，在中世的時代也與福神信仰結合，成為眾人心目中的財神與福神。

大國主雖然是造國之神，但是「大國」的日文讀音（daikoku）與佛教的大黑天★同音，所以兩者都被奉為帶來財運與福運的神明。

惠比壽神原本是漁夫祀奉的漁業之神，但是在市場工作的人們也祀奉，所以後來就成為眾人心目中的商業之神。

此外，有些神社會將惠比壽神當成伊邪那岐與伊邪那美的御子神——水蛭子祀奉，或是當成大國主的御子神——事代主神來祀奉。

日本各地都有可以祈求財運亨通的神社，但是宮城縣石巻市的金華山黃金山神社，則是聖武天皇為了慶祝在東北地區挖到了用於建造東大寺大佛所需的黃金所建造。

在祈求姻緣方面，出雲大社近世變成知名的神社。傳說每逢神無月（舊曆十月），眾神就會來到出雲大社，討論人類的姻緣。

同樣位於出雲的八重垣神社（松江市），則被認為是降伏八岐大蛇的須佐之男與櫛名田比賣成婚之地。

另一方面，東京大神宮（千代田區）也因為開放一般民眾舉行神前婚禮，所以成為祈求姻緣的神社。

鳥取縣宇部市的宇倍神社，因為是以事奉五代天皇、壽命長達三百六十幾年的武內宿禰為祭神，所以也成為保佑人們長壽的神社。

用語解說

★ **大黑天**：全身黝黑，披著象皮的武神。也有財神的個性，是扛著布袋造型的神像，常安放於寺院的廚房。

祈求財運、姻緣、長壽的神社

財運

金華山黃金山神社（宮城縣石卷市）

於西元750年建造，祭神為掌管礦山的金山彥神與金山姬神。自神佛習合政策推行後，祭神便換成七福神的弁財天。據傳弁財天是賜予財運的女神。

其他知名神社

金刀比羅宮（香川縣琴平町）
聖神社（埼玉縣秩父市）

姻緣

出雲大社（島根縣出雲市）

身為祭神的大國主神，會在每年的神無月（10月，在出雲稱為神在月，因為眾神都會來到出雲）都會召開神議，討論人類的姻緣。

其他知名神社

八重垣神社（島根縣松江市）
東京大神宮（東京都千代田區）

長壽

多賀大社（滋賀縣多賀町）

祀奉伊邪那岐與伊邪那美的神社。立志重建東大寺的重源（西元1121～1206年）為了續命曾來此祈求，豐臣秀吉（西元1537～1598年）也曾為了祈求生母康復而造訪此地。

其他知名神社

橿原神宮（奈良縣橿原市）
宇部神社（鳥取市國府町）

27 與戰國武將淵源極深的神社

——武將所信仰的神社、祀奉武將的神社

許多戰國武將都有不畏神佛、驍勇善戰的形象，但也有不少武將都很虔誠。這或許是因為他們每天都活在刀尖上，所以才會特別祈求武運亨通，並希望洗淨殺生的罪愆吧！

即使是被譽為無神論者先驅的織田信長，**也曾經為了積德而修建神社與佛寺**。熱田神宮（愛知縣名古屋市）境內，就有信長為了慶祝桶狹間之戰勝利而奉納的信長塀★。此外，伊勢神宮或是多賀大社也保有織田信長獻上的感謝信。

最以虔誠聞名的，莫過於甲斐名將武田信玄。比方說，信玄的軍旗就寫了「南無諏訪南宮法性上下大明神」這句彰顯諏訪大社（長野縣諏訪市）的文字。

信玄在作戰之前，都會先去諏訪大社抽籤，並祈求好運，也會在富士御室淺間神社（山梨縣富士河口湖町）祈求女兒生產平安。

被譽為信玄勁敵的上杉謙信，**雖以信奉毘沙門天而聞名，卻也對神社獻上敬畏**。在川中島之戰時，上杉謙信就曾於武水別神社（長野縣千曲市）祈求勝利。

雖然許多神明都受到武將的敬拜，但是貴為武門之神的八幡神尤其受到崇敬。武水別神社也是祀奉八幡神的神社。

有些戰國武將也被奉為神明。

比方說，很多人都知道東照宮的祭神為德川家康，這其實是基於家康的遺言所安排。織田信長則於建勳神社受祀，豐臣秀吉則是於豐國神社受祀（兩處都位於京都）。至於武田信玄是於山梨縣甲府市的武田神社受祀，上杉謙信則是山形縣米澤市上杉神社的祭神。

用語解說

★ **信長塀**：以油脂凝固泥土與石灰後，夾著瓦片築起的牆壁。外表看起來有點像是法式千層酥。

將戰國武將奉爲神明的神社

祀奉織田信長的建勳神社（京都市北區）

豐臣秀吉在得到天皇的敕許之後，將船岡山定為信長的慰靈地。西元1869年，在明治天皇的命令之中，於這座山建造了建勳神社。

為了匡復朝廷而盡心盡力的我們，應該會得到後世的認同吧！

祀奉豐臣秀吉的豐國神社（京都市東山區）

秀吉死後，遺骸葬於東山阿彌陀峰，並於山中建造豐國神社。不過，到了德川時代之後就停止祀奉。直到西元1880年，在明治天皇的命令之下遷址重建。

祀奉德川家康的東照宮

家康透過遺言，要求後人將他的遺體葬於久能山（駿河國），以及在滿一年的忌日當天，將遺體遷至日光山（下野國）。等到家康過世，後人就依照他的遺言在久能山與日光建造了東照宮。照片為久能山東照宮（靜岡市駿河區）。

28 成爲動漫與知名場景的神社

——不是因爲祭神而大受歡迎的神社

自古以來，與名人有些淵源的神社都會有信徒（粉絲）參拜。比方說，日本俳句詩人松尾芭蕉，就曾追尋西行★的足跡，走訪神社、佛寺與歌枕（於和歌之中提到的名勝）。換句話說，就是去連續劇外景地或是聖地朝聖。

不過，**自西元二〇〇〇年之後，在漫畫或是動畫出現的神社才開始被稱為「聖地」。一般認為，掀起這股社會現象的，是以埼玉縣久喜市鷲宮為舞台的《幸運☆星》**。在這部作品中的鷲宮神宮受到粉絲的愛戴，連久喜市商工會主辦的祭典都出現了《幸運☆星》的神輿。

最近爆紅的則是新宿區的須賀神社。由於電影《你的名字》的知名場景就位於這座神社的參道，所以有不少外國粉絲紛紛造訪這座神社，曾創下連續好幾天大排長龍，只為了拍攝紀念照片的記錄。

隨著《鬼滅之刃》熱賣，與主角竈門炭治郎姓名相似的「寶滿宮竈門神社（位於福岡縣太宰府市）」，也吸引不少粉絲參拜，掛了不少畫有《鬼滅之刃》人物的繪馬。

也有因為與藝人或是運動選手的姓名相似，導致參拜者變多的現象。比方說，座落於兵庫縣神戶市的「弓弦羽神社」就是其中一例。明明這座神社祀奉的是熊野三山的神明，卻成為花式滑冰選手羽生結弦粉絲心目中的聖地。

姓名與偶像團體「嵐」相似的神社也被粉絲稱為嵐神社，滋賀縣栗東市的大野神社、京都府城陽市的松本神社、大阪府堺市的櫻井神社、兵庫縣神户市的二宮神社、福井縣蘆原市的相葉神社，都是粉絲心目中的聖地。

用語解說

★ **西行**：在平安後期到鎌倉初期的歌人。原本是事奉鳥羽上皇的北面武士，後來出家，專心撰寫和歌。著有《山家集》這本歌集。

日本全國粉絲造訪的動漫聖地

鷲宮（埼玉縣久喜市）

© 美水かがみ／ KADOKAWA

於2008年久喜市商工會主辦的祭典，首次亮相的《幸運☆星》神輿，在全國粉絲與在地居民的合作之下，至今仍會於祭典亮相。

（照片提供：久喜市商工會鷲宮支所）

須賀神社參道（東京都新宿區）

以紅色扶手為特色的須賀神社，參道階梯是電影《你的名字》最後一幕，男女主角重逢的場所。

寶滿宮竈門神社（福岡縣太宰府市）

位於太宰府鬼門（東北方向）的寶滿宮竈門神社，自古以來就被尊為守護大宰府的神明。因為與《鬼滅之刃》主角的姓相同，所以曾有許多人討論，這裡有可能是《鬼滅之刃》的起源。

29 景色超絕的神社

——祀奉大自然的神社通常建於絕景之地

神道常將神祕而偉大的大自然奉為神明，所以神社也常建造在景色絕美之地。

雖然有不少堪稱絕景的地點，但其中也有一些位在不是那麼容易抵達的地方。

此外，每個人對於「絕景」的定義都不同，所以在此介紹一些位於相對知名的景點，而且比較容易抵達的神社。

若問哪裡是絕景之中的絕景，那當然非富士山山頂莫屬！其實富士山八合目之上的每一處，都屬於富士山本宮——淺間大社的境內。淺間大社的奧宮就坐落於山頂處★。

此外，另有一處高度遠遠低於富士山頂，但只要穿過名為「天空的鳥居」就能參拜的神社，那就是香川縣觀音市的高屋神社（中宮）。

高屋神社座落於海拔四百零四公尺的稻積山頂，所以也被稱為稻積神社。

只要站在高屋神社的本殿前方，就能從鳥居往外一眼望盡觀音寺市與瀨戶內海。由於景色實在太過壯觀，所以這座鳥居才被稱為「天空鳥居」，也被選為四國八十八景之一。

另一方面，熊本縣高森町中，位於杉林深處的上色見熊野座神社，因為參道的石階佈滿了青苔，而被形容為「神的世界」，這座神社也因為動漫《螢火之森》而名聞遐邇。

而福井縣勝山市中，位於白山登山口的平泉寺白山神社，與上色見熊野座神社一樣，境內也是佈滿青苔的杉林。

據說在過去曾有四十八處神社、三十堂、六千坊建於此處，但如今只籠罩著一片寂靜的空氣。

用語解說

★ **奧宮座落於此**：富士山山頂還有一座久須志神社，但其實是奧宮的末社。

景色絕美的神社

富士山本宮淺間大社、奧宮（靜岡縣富士宮市）

淺間大社的奧宮，座落於富士宮口登山道盡頭。天氣晴朗時，還能眺望山中美景。

圖中為座落於山頂的奧宮。每年於8月15日舉辦的祭典，都會祈求國家平安與世界和平。

高屋神社、天空鳥居
（香川縣觀音寺市）

圖中是位於稻積山山頂的本宮的鳥居，可以看到這座鳥居就建造在懸崖旁邊。2017年曾在社群媒體掀起話題，也因此大受歡迎。

Column 2

日本的奇特祭典

本書第五十二節中曾提到的是，日本有許多被稱為「特殊神事」的祭典，這些祭典都很有特色，其中有不少甚至被稱為「奇祭」。

不過，這些祭典不是為了追求標新立異才這麼奇怪，而是為了虔誠祀奉神明才發展成現在的模樣。因此，負責舉行祭典的相關人員也就「見怪不怪」！

所謂的奇祭，就是有點色色的祭典種類。例如，只穿著兜襠布的男性互相比賽的「裸祭」，就是其中之一。有些則是屬於搏觀眾一笑的祭典（也有不屬於上述類型的奇祭）。

飛鳥坐神社（奈良縣明日香村）的「onda祭」、草神社（新潟縣佐渡市）的「tuburosashi」這類有點情色（例如神樂）的祭典，常常會模仿誕下生命的性行為，祈求農作物能夠生長茂盛與豐收。

尾張大國靈神社（愛知縣稻澤市）的裸祭，與三重縣松坂市八雲神社的「zaruyaburi」（裸祭），則是在神明面前競技、取悅神明的祭典。

丹生神社（和歌山縣日高川町）的搞笑祭，與熱田神宮（愛知縣名古屋市）的「ohoho祭」則是搏君一笑的祭典，希望藉由大家的笑聲驅除邪氣，並迎來福氣。

第3章

了解祭神，神社之旅將變得更加有趣

30 伊邪那岐與伊邪那美

——創造出日本國土，日本第一對夫婦神

於世界初始之際登場的神明，在《古事記》與《日本書紀》記載是不一樣的。《古事記》中，別天神五柱這五位神明依序出現之後，進入了神世七代這個七位神明的時代，而《日本書紀》則是從神世七代開始。

不管是《古事記》還是《日本書紀》，**神世七代的最後神明都是伊邪那岐與伊邪那美**。順帶一提，《古事記》以伊邪那岐、伊邪那美記載，而《日本書紀》則是伊奘諾尊、伊奘冉尊。

其實在這兩位神明之前，也有互為伴侶的神明，但是沒有相關的活動記載，所以應該可將兩位神明稱為這世界的第一對夫妻。

伊邪那岐、伊邪那美受命於前幾位先出現的眾神★，創造了陸地。

《舊約聖經》中描述，神是從無創造了這個世界與生物，但在日本神話之中，這世界早就存在，只是處在一片渾沌的狀態而已，而伊邪那岐與伊邪那美就是在這個渾沌的世界創造陸地。

他們先走到連接天地的天之浮橋，將天之沼矛伸入混濁的大海中攪拌，創造了淤能碁呂島，然後便降臨到這座島上，同時也結婚了。

第一次產出國土時，因為伊邪那美不小心先開口講話而失敗，但之後重新來過，**便陸續生出日本的國土，而這就是所謂的「國生」。**

接著這兩位神明又生出風、山這類大自然的神明。不過，伊邪那美在生出火神之後，不慎被火燒傷，也因此死亡。為此，伊邪那岐前往黃泉之國（死者的世界），打算接回伊邪那美，卻不小心看到伊邪那美不願被看到的容貌，最終也無法順利接回伊邪那美。

用語解說

★ **受命**：在《日本書紀》中則記載，伊邪那岐與伊邪那美是主動創造日本國土。

伊邪那岐、伊邪那美

～創造日本國土、生出眾神的創造神～

在天之浮橋將天之沼矛伸入海中，創造了淤能碁呂島的伊邪那岐與伊邪那美

伊邪那岐、伊邪那美的相關事蹟（主要根據《古事記》的記載）

- 神世七代最後的夫妻之神。
- 創造了淤能碁呂島與結婚（第一次創造國土失敗）。
- 創造國土並生出眾神（伊邪那美死亡）。
- 伊邪那岐前往黃泉之國（與伊邪那美訣別。人類開始有了死亡這件事）。
- 伊邪那岐舉行潔淨自身的儀式，三貴子（天照大神、月讀命、須佐之男）誕生。
- 三貴子分別掌管日、月與大海（須佐之男被流放）。

主祀神社

- 多賀大社（滋賀縣多賀町）
- 伊奘諾神宮（兵庫縣淡路市）
- 伊佐奈岐宮、伊佐佐彌宮（伊勢神宮的別宮）

31 天照大神

——君臨眾神的太陽神

沒能順利將妻子從黃泉之國帶回來的伊邪那岐，**為了洗淨在死者的世界時弄髒的身體，而舉行了名為「禊」的除穢儀式**，過程中幾位神明由此誕生，那就是**最後★才出現的——天照大神、月讀命與須佐之男。**

伊邪那岐說：「我雖生了許多孩子，但在最後才得到了這三個寶貴的孩子」，因此這三位神明就被稱為三貴子。**伊邪那岐命令天照大神統治天上眾神的世界「高天原」，並命令月讀命統治「夜之國」，最後命令須佐之男統治大海。**但須佐之男一直很想去母親所在地——根之國而不斷哭泣，最後遭到伊邪那岐流放。

須佐之男如願前往了根之國，途中則至高天原想與天照大神道別，但是卻被懷疑是要去攻打高天原，於是便進行了「宇氣比」這項占卜（參考第四十三節）。

獲勝之後的**須佐之男，便開始在高天原為非作歹，氣得天照大神躲進天岩屋之中。**

由於太陽神躲了起來，天上與地面因此陷入一片黑暗，也發生了各種災害。

不知如何是好的眾神，製造了鏡子與勾玉，並在天岩屋的前面舉行祭典，最後成功將太陽神（天照大神）引出來。

這段神話除了解釋出「日蝕」、「冬至」這類自然現象，也說明天照大神至此轉生為更強的神明。

此後天照大神就成為眾神明的領袖，祂命令孫子邇邇藝命統治大地（參考本書第三十七節），在神武天皇於熊野陷入危難之際，命令建御雷（參考本書第三十六節）前往救援。

用語解說

★ **最後**：在《日本書紀》的記載中，伊邪那美最早生出的神明是三貴子，而且也沒有被燒死。

天照大神

～天皇的祖先與太陽神～

從天岩屋出來的天照大神

天照大神的相關事蹟

- 身為三貴子之一的祂負責統治天上。
- 因為須佐之男的暴行而氣得躲入天岩屋。
- 派遣使者平定地面。
- 派遣孫子邇邇藝命統治地面。
- 命令建御雷救援神武天皇。

三貴子之一的月讀命

主祀神社	
	● 伊勢神宮內宮（三重縣伊勢市） ● 各地的神明宮、神明神社 ● 熱田神宮（愛知縣名古屋市）

32 須佐之男

——是三貴子之一，也是出雲之神與傳說中的英雄

讓天照大神氣得躲進天岩屋的須佐之男，在被迫賠償後，便被剃掉鬍子、拔掉指甲、流放到地面的出雲斐伊川上游。

看到有筷子從這條河流流下來，須佐之男心想：「上游應該有人家」，於是朝著上游走去。

沒想到發現一對老夫婦，兩人正為了站在他們之間的女兒而哭泣。

一問之下才知道，有一隻名為「八岐大蛇」的八頭怪物，每年要求當地居民獻上女兒作為活祭，而今年正好輪到他們的女兒櫛名田比賣，所以他們才會忍不住哭泣。

須佐之男**主動提出降伏八岐大蛇的要求，代價是事成後迎娶他們的女兒櫛名田比賣。**

須佐之男要求老夫婦，先製作有八扇門的柵欄，並在每扇門的後面放置酒甕，然後在一旁埋伏。等到八岐大蛇醉到不省人事之後，趁機斬殺了八岐大蛇★。

成功完成約定任務的須佐之男，在須賀這個地方建造了宮殿，與櫛名田比賣一起在這座宮殿之中生活。據說出雲的八重垣神社、須賀神社就是在當時這座宮殿的所在之處建造的。

出雲神話中最受後人重視的大國主，也被認為是須佐之男與櫛名田比賣的子孫，不過大國主到底是第幾代子孫，《古事記》與《日本書紀》的記載各有不同，若依照《古事記》的記載，大國主是第六代子孫。

儘管在出雲建造了自己的宮殿，須佐之男**最終還是前往了當初一心想去的根之國。而在大國主的神話之中，須佐之男也以根之國的國王身份登場（參考下一節）。**

用語解說

★ **斬殺**：須佐之男在八岐大蛇的尾巴找到一柄劍，便將這柄劍獻給天照大神。這就是三大神器之一的「草薙劍」的由來。

須佐之男

～在大和與出雲神話為非作歹的神明～

降伏八岐大蛇的須佐之男

須佐之男的相關事蹟（主要根據《古事記》的記載）

- 受伊邪那岐之命統治大海，卻因為哭個不停而遭流放。
- 在前往根之國之前，先去高天原與天照大神道別，卻因為非作歹而讓天照大神氣得躲進天岩屋。
- 因為這場暴動而被逐出天界，於是在出雲這塊土地降臨。在出雲降伏了八岐大蛇後，與櫛名田比賣結合。
- 大國主便是須佐之男的子孫之一。

主祀神社

- 須佐神社（島根縣出雲市）
- 熊野大社（島根縣松江市）
- 八坂神社（京都市東山區）
- 津島神社（愛知縣津島市）

33 大國主

——地上眾神之王，出雲神話的至高神

眾所周知，大國主是擁有很多個名字的神明。最具代表性的名字包含：大國主神（大國的主神）、大穴牟遲神（締造多項豐功偉業之神）、葦原色許男神（地上的勇者神）、八千矛神（擁有許多武力的神）與宇都志國玉神（猶如大地神靈之神），當然也還有很多其他的名字★。

一如括號之中的意思，這些名字都是稱頌大國主神有多麼偉大的稱號，也**不難了解大國主神是多麼受到尊崇，但其實，一開始祂不是那麼強悍的神明。**

大國主神話中，「因幡的白兔」這段故事最為知名——當時大國主的兄弟八十神，打算前往因幡國，向八上比賣求婚，大國主被迫揹負八十神的行李一同前往。

不過，大國主最終因為**擁有幫助白兔的智慧以及溫柔的個性，而被八上比賣選為結婚對象。**

因此懷恨在心的八十神便迫害大國主，甚至害死大國主兩次。

雖然大國主最終靠著母神的幫助而復活，但是因為**害怕再次遭到八十神迫害而逃往根之國，尋求須佐之男的庇護。**

儘管須佐之男多次考驗大國主，但大國主都成功克服這些試煉，**最終便帶著須佐之男的女兒須勢理毘賣以及寶物回到地面，並在討伐八十神之後成為地上之王。**

之後，大國主又與少彥名神、大物主開發地面國土。

不過，天照大神認為，地上該由自己的子孫統治，便派使者傳話，要求大國主讓出國家。

用語解說

★ **大國主神**：這個名稱源自《古事記》。在《日本書紀》之中，大國主神寫成大己貴命、葦原醜男神、八千戈神、顯國玉神。

大國主

～屢屢克服考驗，成為地上眾神之神～

幫助稻羽（因幡）白兔的大國主

大國主的相關事蹟（主要根據《古事記》的記載）

- 在八十神前往稻羽，向八上比賣求親時，負責揹負行李的大國主，在途中拯救了原本要被剝皮的白兔，最終被八上比賣選為夫婿。
- 被懷恨在心的八十神殺害兩次後，害怕再次遭受迫害的大國主逃往根之國，接受根之國國王須佐之男的試煉。
- 帶著須佐之男的女兒（須勢理毘賣）與寶物回到地面，討伐八十神。
- 與少彥名神一同開發地上，中途改與大物主搭擋。
- 將地上的統治權交給天照大神派來的使者（讓出國家）。

主祀神社	
	出雲大社（島根縣出雲市）
	神田神社／神田明神（東京都千代田區）
	冰川神社（埼玉市大宮區）

34 少彥名神

——幫助大國主造國的嬌小男神

少彥名神的名字本來就是體型嬌小的男神之意，但其實祂真的是個頭嬌小的神明。

根據《古事記》的記載，**少彥名神身穿蛾衣、搭著蘿藦（蔓性多年草本植物）的果實做成的船，在大國主面前出現。**

由於沒人認識這位神明，於是大國主便請教無所不知的久延毘古（案山子），才知道眼前這位神明就是神產巢日神的兒子——少彥名神。

向神產巢日神確認這件事之後，神產巢日神也證實少彥名神就是自己的兒子。據說少彥名神是從神產巢日神的指縫溢出而生。

在《古事記》中記載，少彥名神在現身之後，就去了常世之國★**，書中並沒有提到去常世之國做了哪些事情；但是在《日本書紀》之中曾記載，少彥名神與大國主一同開發國土，更四處推廣醫藥知識。**

此外，在出雲國、播磨國與伊予國的《風土記》之中，提到祂與大國主一同周遊各地。

其中還發生了祂與大國主比賽「不大便可以走得比較遠，還是抱著黏土可以走得比較遠」，不過這段神話聽起來很像是笑話。

這段內容應該是**形容大國主與少彥名神的信仰傳播至各地，以及深入各個階層的過程。**

此外，也有將少彥名神奉為酒神的信仰，比方說，《古事記》就提到神功皇后（參考第四十節）曾留下「這酒不是由我釀，而是常世之國的少彥名神為了獎勵而贈送之物，所以該一飲而盡」的和歌。

用語解說

★ **常世之國**：位於大海另一端的不老長壽之國。在不同的文獻之中有不同的描述，也有文獻將常世之國形容為死者的世界。

少彥名神

～知識淵博的嬌小男神～

在大國主引來的溫泉中治病的少彥名神

少彥名神的相關事蹟（主要根據《古事記》、《風土記》的記載）

- 當大國主來到出雲的美保岬，少彥名神乘著蘿藦果實打造的船現身。
- 幫助大國主打造國家，並推廣人類與家畜的醫療知識、傳授預防害蟲與野獸的方法。
- 於伊予國（愛媛縣）生病時，大國主為他從別府地底引來溫泉，讓少彥名神得以泡在溫泉之中治病（根據《伊予國風土記》的記載）。
- 於造國途中前往常世之國。

主祀神社

- 淡嶋神社（和歌山市加太）
- 生根神社（大阪市住吉區）
- 少彥名神社（大阪府中央區）

35 猿田彥

——帶領天孫邇邇藝命降臨凡間的異相之神

這是在邇邇藝命受祖母天照大神統治地上之命，前往地上之際所發生的事情（這部分將於第三十七節進一步說明）。

當時，有一位神明正站在天之八衢（十字路口），光芒上至高天原、下至大地。

《日本書紀》詳盡記載了這位神明的樣貌。其中提到這位神明的鼻子很長、身高極高、嘴角發光、眼鏡像是巨大的鏡子一般，發光之處就像是紅色酸漿果。

由於這位神明的眼睛太過明亮，沒有任何神明能夠上前問祂問題。

因此，天照大神便命令天宇受賣命★：「祢雖然是女神，卻是一位不會在互瞪比賽落敗的神，去吧！去問問為什麼那位神明要站在那裡」。

於是天宇受賣命開口詢問，這位神明便說：「我是猿田彥國神，聽聞天神之御子（邇邇藝命）準備從天而降，便為了帶路而趕來」。

因為這番神話，猿田彥被後人奉為「開路之神」。

猿田彥也奉為交通平安之神，並被視為道祖神。

再者，由於祂的鼻子很長，近代曾將祂與天狗混為一談。

當天狗與御多福一起在祭典的神樂登場時，可將祂們視為猿田彥與天宇受賣命。

《古事記》提到，猿田彥後來被比良夫貝夾手而死，當祂的屍體沉入海底時，出現了底度久御魂，吐出的氣泡變成都夫立御魂，隨著泡沫破裂再化為末佐久御魂。這還真是充滿謎團的死相。

用語解說

★ **天宇受賣命**：當天照大神躲在天岩屋不願現身時，天宇受賣命在天岩屋前方敞開胸膛跳舞，成功引起天照大神注意而出洞。也因為這項功勞，天宇受賣命得到「猿女君」這個名字。

猿田彥

～在天孫降臨之際，為天孫帶路的神明～

在天之八衢迎接邇邇藝命的猿田彥

猿田彥的相關事蹟（主要根據《古事記》的記載）

- 邇邇藝命準備從高天原降至地面時，想要帶路的猿田彥，便在天之八衢等待。由於猿田彥的樣貌實在太驚人，眾神都不敢開口詢問，不過，天宇受賣命卻問出了祂的名字。
- 帶完路之後，便被天宇受賣命送回故鄉。
- 最後被比良夫貝夾到手而溺死。

主祀神社	
	● 椿大神社（三重縣鈴鹿市） ● 猿田彥神社（三重縣伊勢市） ● 白鬚神社（滋賀縣高島市）

36 建御雷、經津主、建御名方

——讓國神話中，分成敵我陣營的武神

一如第三十三、三十四節中的描述，大國主在打倒敵對的八十神與開發國土之後，便被地上的眾神（國神）奉為王。

不過，**日本國土最早是由伊邪那岐、伊邪那美所創生，照理說，日本國土該由祂們夫妻倆的後代繼承，也就是天照大神統治。**

為了讓大國主交出統治權（讓國），天照大神派遣了使者前往地上。

然而，大國主卻以懷柔的手段，讓使者歸順自己，使者最後並沒有向天界回報任何消息。

遲遲得不到回報之下，**天照大神便決定派出武神，以武力解決這件事。**

奇妙的是，在《古事記》與《日本書紀》之中，天照大神所差遣的武神並不相同。

《古事記》記載的是由建御雷出馬，但在《日本書紀》之中，卻是由經津主出馬，在建御雷表達不滿之後，天照大神才任命建御雷擔任副將。

假設《古事記》的記載屬實，那麼**降臨在出雲稻佐海邊的建御雷，就是坐在倒插的劍上，逼迫大國主讓出國家。**

對此，大國主提到要問御子神的意見，御子神之一的事代主贊成讓出國家，但另一位建御名方，卻對建御雷發出挑戰，要看看哪邊的力氣比較大。

沒想到，建御名方像是蘆葦嫩葉般被拋飛，最後還逃到信州的諏訪。

大國主最後同意讓出國家，但希望能為祂蓋一座宏偉的宮殿★。

用語解說

★ **宏偉的宮殿**：據說這座宏偉的宮殿就是出雲大社。不過根據《出雲國風土記》的記載，這座出雲大社是出雲眾神為了大國主所建造。

建御雷、經津主、建御名方

～於讓國神話之中活躍的武神～

建御雷

經津主

建御名方

主祀神社

- 建御雷 ——→ 鹿島神宮（茨城縣鹿嶋市）
  春日大社第一殿（奈良市春日野町）
- 經津主 ——→ 香取神宮（千葉縣香取市）
  一之宮貫前神社（群馬縣富岡市）
  春日大社第二殿
- 建御名方 ——→ 諏訪大社（長野縣諏訪地區）

37 邇邇藝命與木花之佐久夜毘賣

——讓天上與地上聯姻的一對

之前提到天孫的時候，都只提到邇邇藝命這個名字，但其實祂的本名非常長，在《古事記》之中，祂的名字為——天邇岐志國邇岐志天津日高日子番能邇邇藝命★。

由於祂是天照大神的孫子，又被稱為天孫，為了統治地上才從天而降，但其實一開始是該由祂的父親「天忍穗耳命」降臨凡間。

不過，當天忍穗耳命看了看地面，發現國神似乎妄自尊大，實在不是能夠統治的狀態，所以派遣使者傳話，希望國神能讓出國家。

由於這件事花了不少時間，這段時間誕生的邇邇藝命，便代替父親降臨地上，**並在笠沙之岬（薩摩半島西南地區）遇到了美女木花之佐久夜毘賣。**

一見傾心的邇邇藝命於是向她求婚，佐久夜毘賣則表明，須先求得父親大山津見神的允許。因此，邇邇藝命**前往拜訪大山津見神，相見後大山津見神心情大悅，便提出佐久夜毘賣的姐姐——石長比賣也一起嫁給邇邇藝命的請求。**

沒想到，**邇邇藝命因為石長比賣長得太醜，只願娶佐久夜毘賣為妻**。得知女兒石長比賣被退婚，大山津見神怒不可遏，於是發出詛咒：「要是能一起娶了石長比賣為妻，子孫就得以如岩石般長壽，但如今**天神的子孫將會如花朵般短命**」。

婚後只行房一次，佐久夜毘賣就懷了孕，讓邇邇藝命十分質疑，而為了證明自身清白，佐久夜毘賣便在產房縱火，最後在燃燒的產房中平安生產。（編註：相傳若為天神御子，胎兒將能生產順利，因此佐久夜毘賣選擇以火試煉，證明清白。）

用語解說

★ **邇邇藝命**：《日本書紀》中的名字寫成「天津彥彥火瓊瓊杵尊」或是「天饒石國饒石天津彥火瓊瓊杵尊」。

邇邇藝命與木花之佐久夜毘賣

～改變全人類命運的聯姻～

木花之佐久夜毘賣

邇邇藝命與隨從

邇邇藝命與木花之佐久夜毘賣的聯姻始末

- 受天照大神之命，統治地上的邇邇藝命帶著三大神器與稻子降臨地面。
- 邇邇藝命對美麗的木花之佐久夜毘賣一見鍾情，於是向其父親大山津見神求親，開心的大山津見神希望連同其姐石長比賣一起嫁給邇邇藝命，沒想到石長比賣因樣貌醜陋而遭到拒絕。大山津見神一氣之下，便詛咒邇邇藝命的子孫（天皇）短命（在《日本書紀》之中，人類是因為石長比賣的詛咒而變得短命）。
- 被懷疑只行房一次就懷孕的木花之佐久夜毘賣，氣得在產房縱火，最後在火中平安生產。

主祀神社

- 邇邇藝命 ———→ 霧島神宮（鹿兒島縣霧島市）
- 木花之佐久夜毘賣 → 富士山本宮淺間大社（靜岡縣富士宮市）

38 神武天皇、桓武天皇、明治天皇

——被奉為開拓時代之神的天皇

雖然在神社受到供奉的天皇不只這三位，但這三位都是**劃時代的天皇**，也都是許多人過年首次參拜時的神社祭神，所以才於這節統一介紹。

首先**介紹的是神武天皇。想必許多人知道，祂是初代天皇這件事。**

從九州日向出發的神武天皇一邊平定不願歸順的神明與部族，一邊往東方前進，最終總算一統天下，於大和的橿原即位★。

此一壯舉，可說是完成了天照大神交託給瓊瓊藝命統治地上的使命。

或許也是因為如此，《古事記》與《日本書紀》的神話時代也隨著神武天皇的登場而結束。

桓武天皇則是推動平安遷都的天皇。

奈良時代可說是興福寺、東大寺等這類寺院擁有龐大勢力與政治影響力的時代，為了斬斷這些寺院的勢力，桓武天皇決定遷都。

如果沒有遷都，以《源氏物語》為代表，充滿華貴氣質的平安文化或許就不會誕生。

明治天皇也是推動遷都的天皇。

這次的遷都之舉，讓首都初次移到關東一帶，各位應該也知道，日本自此進入了近代。

眾所周知的是，明治天皇也留下多首和歌。在這些首歌之中，有不少會在神社在授與神籤時使用。

雖然祀奉這三位天皇的神社（橿原神宮、平安神宮、明治神宮）都是於近代建造，但都得到日本國民無盡的尊崇。

用語解說

★ **於橿原即位**：一般認為，祀奉神武天皇的橿原神宮座落於神武天皇當年即位的橿原宮。

神武天皇、桓武天皇、明治天皇

～被奉為神明又極具代表性的天皇～

神武天皇（?）

- 第一位統一天下的天皇，也是初代天皇。
- 於橿原神宮（於1890年建造，座落於奈良縣橿原市）受祀。

讓金鵄停在弓上的神武天皇

穿著中國皇帝裝束的桓武天皇

桓武天皇（西元737～806年）

- 第50代天皇。推動平安遷都，改革社會風氣。
- 平安神宮（於1895年建造，座落於京都市左京區）。

穿著西式服裝的明治天皇

明治天皇（西元1852～1912年）

- 第122代天皇。推動王政復古、明治維新，掀開日本近代帷幕。
- 明治神宮（西元於1920年建造，座落於東京都澀谷區）。

39 倭建命

——於日本各地留下傳說的悲劇英雄

在日本神話之中，最為人熟知的神明應該非倭建命（日本武尊）莫屬，這點光是從**日本各地都流傳著祂的傳說**就可見一斑。

《古事記》、《日本書紀》與《風土記》都有倭建命的相關記載，但內容卻不盡相同。

比方說，**《古事記》將祂描述成因為過於強悍，受到父親景行天皇忌憚，最後被迫踏上遠征之途的悲劇英雄；但在《日本書紀》中，倭建命卻是受天皇尊重的戰士楷模。**

這節將根據《古事記》的內容介紹倭建命。

倭建命的第一項任務，就是平息南九州的襲國（熊曾國）。潛入襲國大本營的倭建命，穿上姨母（倭比賣命★）所贈送的服裝喬裝為女性之後，混入襲國的宴席，伺機斬殺了襲國頭目建兄弟。

接著奉命東征的倭建命，於相模國（神奈川縣的部分地區）遭遇火攻，卻利用倭比賣命賜予的草薙劍、打火石反擊。

倭建命於浦賀水道遭遇暴風雨時，祂的王后弟橘比賣命犧牲了自己，拯救了所有人。

當倭建命終於平定了東國尚未臣服的部族與神明，回到尾張（愛知縣）之後，便與美夜受比賣成親。倭建命為了降伏伊吹山之神再度出發，將草薙劍放在美夜受比賣身邊之後，卻意外染上重病，最終於三重的能褒野薨逝。

熱田神宮（名古屋市）之所以將草薙劍奉為御神體，便是源自倭建命將草薙劍放在美夜受比賣身邊的這個故事。

用語解說

★ **倭比賣命**：垂仁天皇之女。相傳天照大神讓自己的神靈寄宿在八咫鏡之中，而倭比賣命為了替這座八咫鏡找到供奉之處，踏上巡訪各地之旅，最終於伊勢落腳。一般認為，這就是伊勢神宮的起源。

倭建命

～受父親之命，屢屢踏上遠征之途的悲劇英雄～

由野狼帶路，
在山中行軍的倭建命

倭建命的相關事蹟（主要根據《古事記》的記載）

- 殘殺違父皇之命的兄長。
- 西征
  - ・穿上姨母倭比賣命贈送的女裝，成功討伐熊襲建兄弟。
  - ・以詐術斬殺出雲建。
- 東征
  - ・於燒津之野遭受火攻，卻用草薙劍反敗為勝。
  - ・於速水之海（浦賀水道）行船時，遇到惡劣的海象，最終在弟橘比賣命的犧牲之下獲救（吾妻這個地名的由來）。
  - ・與尾張國的美夜受比賣成親。
  - ・為了降伏伊吹山之神，又再度踏上征途，卻因此染上重病，最後於三重的能褒野病死。
- 以天皇的身份巡視東國（根據《常陸國風土記》的記載）

主祀神社	
	● 大鳥大社（大阪府堺市）
	● 草薙神社（靜岡市清水區）
	● 燒津神社（靜岡縣燒津市）

40 神功皇后

——代替夫婿仲哀天皇遠征新羅的女中豪傑

雖然神功皇后只是第十四代仲哀天皇的皇后，但《古事記》與《日本書紀》都不約而同地將祂視為天皇。

這是**因為祂的豐功偉業並不輸於歷代天皇。神功皇后之所以站上檯面，起因於仲哀天皇猝死**。由於仲哀天皇不相信「我將賜你滿載金銀寶石的西國」這個神諭，因此受到天譴。

皇后舉辦洗淨罪愆的儀式，並重新祈求神諭。神明告訴祂，神諭來自天照大神與住吉神（參考第四十二節），並傳授祭祀方法。

當皇后依照神明指示去做，**海中的魚群突然撐起皇后的軍船，船帆也得到大風的助力，傾刻之間，軍船就衝進新羅國土的中央。**

《古事記》提到★，新羅王見狀便心生忌憚，也誓死臣服神功皇后。

其實神功皇后在出征之際已身懷六甲，**為了避免途中突然分娩，特地將石頭纏在腰帶中，再拉緊腰帶，讓石頭壓迫自己的腹部，果真回國之後才順利產子。**

這就是應神天皇的誕生。

由於同父異母的兄弟們後來起兵阻止應神天皇即位，於是**神功皇后便放出「皇子已死」的假消息，讓同父異母的兄弟們掉以輕心，再趁機剿滅對方。**

根據《日本書紀》的記載，皇后在遠征歸途上，祭祀那些庇佑遠征之行順利的神明，因此住吉神社（山口縣下關市）、長田神社（兵庫縣神戶市）、生田神社（兵庫縣神戶市）、廣田神社（兵庫縣西宮市）、住吉大社（大阪市）這些與這個故事有關的神社至今仍屹立不搖。

用語解說

★《古事記》提到：對於這段遠征神話是否反映了史實，目前仍眾說紛紜。

神功皇后

～身懷六甲卻成功遠征的應神天皇之母～

準備遠征而全身武裝的神功皇后

神功皇后的相關事蹟

- 夫婿仲哀天皇雖然為了討伐熊襲族前往筑紫，卻因不相信神諭而猝死。
- 重新接下神諭的神功皇后，在身懷六甲的情況下成功遠征新羅，於回國之後平安產子（就是日後的應神天皇）。
- 由於應神天皇同父異母的兄弟造反，神功皇后便出手平定，並替年幼的皇子攝政，長達69年之久。

主祀神社

- 住吉大社（大阪市住吉區）
- 香椎宮（福岡市東區）
- 聖母宮（長崎縣壹岐市）

41 應神天皇（八幡神）

——武神倭建命之孫

之前在第三十八節中提到，有些神社會祀奉天皇，但應神天皇算是一個例外。

一如前述，**應神天皇是仲哀天皇與神功皇后之子。由於仲哀天皇是倭建命的皇子，所以一出生就被人民當成神明祀奉。**

不管是《古事記》還是《日本書紀》都記載了這項不可思議的傳說。

這是在應神天皇年僅十二歲之際所發生的事情。當應神天皇與忠臣武內宿禰一同前往敦賀的氣比神宮參拜，沒想到氣比神宮的祭神伊奢沙和氣大神★突然於夢中出現，說要與御子（應神天皇）交換名字。

當應神天皇答應這個要求後，伊奢沙和氣大神便開心地將海豚沖上海灘，作為交換名字的謝禮。

其實歷代天皇都以不同的形式與神明接觸，但交換名字的只有應神天皇，只不過伊奢沙和氣大神並未說明交換名字的理由，這件事至今仍充滿謎團。

雖然應神天皇從小就靈氣逼人，但直到死後才被奉為神明。

根據石清水八幡宮的古文書的記載，欽明天皇三十二年（西元五七一年），在現代的宇佐神宮（大分縣宇佐市）**出現了一位樣貌宛若少年的神明，還自稱「我乃譽田天皇廣幡八幡麻呂也」。譽田天皇是應神天皇原本的名字，所以應神天皇也就此被稱為八幡神。**

之後，宇佐神宮的分社（八幡宮、八幡神）便於各地興建，貴族與武士也紛紛成為信徒，尤其源氏更是虔誠，還將八幡神奉為武門之神。

用語解說

★ **伊奢沙和氣大神**：《古事記》稱這位神明為伊奢沙和氣大神，而《日本書紀》則稱為去來紗別尊。《日本書紀》也提出「應神天皇的本名該不會是伊奢沙和氣大神吧？」的疑問。

應神天皇（八幡神）

～受武士景仰的天皇～

穿上衣冠束帶這套正裝的應神天皇（八幡神）

宛如僧人的八幡神

應神天皇（八幡神）的相關事蹟

- 在世時，向許多進入日本的海外人士，傳授先進的技術與學問。
- 少年時代的應神天皇曾與建內宿禰一同前往敦賀的氣比神宮參拜，並與該神宮的祭神伊奢沙和氣大神交換名字。
- 於欽明天皇32年（西元571年）在宇佐顯現，同時自稱「吾乃應神天皇」。

主祀神社	
	宇佐神宮（大分縣宇佐市）
	石清水八幡宮（京都府八幡市）
	鶴岡八幡宮（神奈川縣鎌倉市）

42 住吉神

——海上守護神與文學、商業之神

住吉神是三位神明共司一職的神明。

或許大家覺得有些不可思議，不過下一節介紹的宗像三女神，或是海神綿津見神等，也都是由多位神明共司一職的神明。

話說回來，雖然意思有些不同，但是天照大神、月讀命與須佐之男的三貴子也是由三柱組成。由此可知，將三位神明視為一組或許是神道的特徵之一。

有趣的是，**住吉神在凡人面前顯現時，會以人的姿態出現，而且常常扮成老人的模樣**。在日本傳統藝術「能劇」的「高砂」或「雨月」這類劇目，住吉神就是以老人的模樣登場。

這位住吉神是伊邪那岐從黃泉之國回來之後，於海中去除污穢之際出生的神明（參考第三十一節）。

據說當伊邪那岐在海底清洗身體時，底筒之男命誕生；在海中清洗身體時，中筒之男命誕生；在海面清洗身體時，上筒之男命誕生。

此時三柱之一的綿津見神也同時誕生。

第四十節也提到，住吉神守護了遠征新羅的神功皇后。

根據《日本書紀》的記載，神功皇后在遠征的歸途上，依照住吉神的神諭，將住吉神的荒魂★送至穴門的山田邑祭祀，並將和魂送往大津的渟中倉長狹祀奉。這就是住吉神社（山口縣下關市）與住吉大社（大阪市）的起源。

由於住吉神守護了遠征新羅的神功皇后，所以也被奉為航海之神，尤其是守護國外航線的神明。此外，還被奉為和歌之神、農業之神、弓道之神與相撲之神。

用語解說

★ **荒魂**：神靈具攻擊性的那一面。這種面向的神靈，有時會散播瘟疫與天災，而「和魂」則是會讓百姓豐收，為百姓帶來幸福。

住吉神

～守護遠征的神功皇后的航海之神與商業、文學之神～

伊邪那岐在清潔身上污穢的時候，住吉三神與三位綿津見神一同誕生

住吉神的相關事蹟

- 於伊邪那岐在清潔身上污穢的時候，與三位綿津見神一同誕生
- 透過神諭告知仲哀天皇遠征新羅，但是天皇因為不相信神諭而猝死。之後則守護接下神諭的神功皇后，幫助其完成遠征大業。
- 神功皇后完成遠征、踏上歸途的時候，要求神功皇后於山口縣下關市祭祀荒魂，以及在大阪市住吉區祭祀和魂。

常以老人姿態現身的住吉神

主祀神社	
	● 住吉大社（大阪市住吉區）
	● 住吉神社（山口縣下關市）
	● 住吉神社（福岡市博多區）

43 宗像三女神

——從天照大神與須佐之男的「宇氣比」中誕生的海上守護神

宗像大社（福岡縣宗像市）所祭祀的，是田心姬神、湍津姬神與市杵島姬神，通常被稱為宗像三女神（名稱依照宗像大社的記載）。

這三位神明分別坐鎮於沖之島的沖津宮、大島的中津宮與本土的邊津宮。

雖然主要的神社活動都以本土的邊津宮為主，但真正的信仰核心為沖津宮。

沖津宮所在的沖之島，位於玄界灘接近中心點的位置，距離邊津宮六十公里遠，距離另一側島嶼的嚴原七十五公里，距離韓國的釜山為一百四十五公里，可說是海上交通的要衝。

宗像三女神就坐鎮於這個交通要衝，守護於日本、朝鮮半島與中國之間往來的船隻。

由於宗像三女神如此重要，所以也由**朝廷直接負責祭祀**★。

周所眾知的是，宗像三女神的誕生神話與朝廷可說是息息相關。

宗像三女神是在須佐之男前往高天原、準備與天照大神道別時誕生。由於天照大神懷疑須佐之男是為了征服天上而來，便要求須佐之男進行「宇氣比」這項占卜儀式，證明自身清白。

所謂的「宇氣比」就是透過事情是否會遵照誓約發生，藉此判斷是否符合神意。

天照大神與須佐之男分別生下神明之後，須佐之男也證實了自身的清白。**天照大神在咬碎須佐之男的劍之後，吹出了氣息，宗像三女神便從這股氣息之中誕生。**

天照大神對這三位女神說：「於交通要衝降臨，幫助天皇舉辦儀式，與接受天皇的祀奉。」

用語解說

★ **由朝廷直接負責祭祀**：沖之島的祭祀遺蹟（西元四世紀至十世紀左右）幾乎完整地保留至今，因此沖之島也被稱為海上正倉院。

宗像三女神

～守護遣唐使航海平安與國際航線的守護神～

天照大神與須佐之男進行
「宇氣比」的時候，天照大神咬碎須佐之男的劍，
並吹出氣息，宗像三女神也從這股氣息誕生。

宗像三女神的相關事蹟

- 須佐之男為了證明自身清白，與天照大神進行「宇氣比」儀式，因而從天照大神的氣息之中誕生。
- 奉天照大神「守護天孫，為了天孫受祀」之命，坐鎮於海上交通要道（根據《日本書紀》的記載）。
- 乘著紅色船帆的小船至嚴島。由佐伯鞍職負責祀奉（嚴島神社的起源）。

主祀神社	
	• 宗像大社（福岡縣宗像市）
	• 嚴島神社（廣島縣廿日市市）
	• 江島神社（神奈川縣藤澤市）

44 熊野大神

——上至上皇，下至庶民都篤信的熊野三山神明

所謂的熊野三山，並不是真的有三座山，而是指熊野本宮大社（和歌山縣田邊市）、熊野那知大社（和歌山縣那智勝浦町）、熊野速玉大社（和歌山縣新宮市）。直到近世之前，熊野三山也被稱為三所權現。

自古以來，熊野就被視為充滿靈氣之地。一說認為熊野這個地名有「神靈籠罩」之意。《日本書紀》提到，伊邪那美就葬於熊野★，一般認為就是三重縣熊野市的花窟神社。

換言之，熊野在過去被認為是死者的世界，或是死者世界的入口，卻也被視為重獲新生的復甦之地。

佛教傳入日本之後，熊野成為神佛習合的聖地，漸漸地，熊野速玉大社的神明被視為阿彌陀如來的化身，熊野那智大社的神明則為觀音的化身，熊野速玉大社的神明則是藥師如來的化身。

後來人們又相信，**只要前往熊野參拜，就能得到現世與來世的平安，所以上至上皇，下至庶民紛紛前往熊野參拜**。該盛況甚至被稱為：「如螞蟻般綿密的信眾紛紛前往熊野參拜」。

其中最為虔誠的就屬後白河上皇，曾經前往熊野參拜三十三次，後鳥羽上皇則去過二十九次，就連鳥羽上皇也曾去過二十三次。

以當時的路程來看，要參拜這麼多次實屬不易，不禁讓人遙想當時的熊野三山得到多少人的崇敬。

熊野三山的神使（使者）為八咫烏，是一種三腳烏鴉，據說神武天皇一行人在熊野迷路時，就是由八咫烏將神武天皇帶至大和。

用語解說

★ **伊邪那美葬於熊野**：《古事記》中提到，伊邪那美最後葬在位於出雲國與伯耆國邊界（也就是現在島根縣與鳥取縣邊界）的比婆山。

熊野大神

～於熊野三山祀奉的神明～

家津美御子大神

熊野本宮大社的祭神。
既是食物之神，也是樹神與船神。
有時也會被視為須佐之男的化身。

熊野夫須美大神

熊野那智大社的祭神。
一般認為，這位女神就是生產力的象徵。
有時也會被視為伊邪那美的化身。

熊野速玉大神

熊野速玉大社的祭神。
據說是從伊邪那美的口水誕生的神明，
能為人們消災解厄。

與熊野信仰有關的主要神社

- 新熊野神社（京都市東山區）
- 王子神社（東京都北區）
- 熊野神社（山形縣南陽市）

45 稻荷神

——最受到庶民所喜愛的神明

若將全國神社以祭神分類，祀奉八幡神的八幡宮，以及八幡神社的數量應該是最多的，但是若包含路旁的小祠堂或是住宅之中的邸內社，恐怕祀奉稻荷神的神社才是最多。

其實稻荷信仰早已於日本全國普及，尤其在江戶特別受歡迎，甚至有許多比喻都與稻荷信仰有關。

稻荷神原本是在平安遷都之前，開拓京都的外來氏族秦氏的氏神，《山城國風土記》也記載了稻荷神社的起源。

根據《山城國風土記》的記載，秦氏祖先的伊侶巨因為非常富有，所以將年糕當成箭靶與練習射箭，沒想到年糕居然化身白鳥飛走，最後降臨於山中，成為稻子。

因此伊侶巨便於該處建造神社，再將神社命名為稻成（讀音為稻荷）。

這座白鳥降臨的大山，就是於伏見稻荷大社（京都市）本殿後方聳立的稻荷山。

稻荷神的信仰於平安時代傳至日本各地，東寺★在其中扮演了非常重要的角色。

根據東寺的傳承，空海在紀州的田邊遇見稻荷神的時候，曾拜託稻荷神移步京都。幾年後，稻荷神帶著兩名婦人與兩個小孩造訪東寺，空海也盡力款待稻荷神，之後還將稻荷神一行人帶往稻荷山，請稻荷神坐鎮稻荷山。

伏見稻荷大社於春季舉辦稻荷祭的時候，會讓神輿來到東寺門前，接受東寺僧侶誦經禮讚，據說這就是源自稻荷神與空海的典故。

用語解說

★ **東寺**：東寺是為了守護平安京而建造的佛寺。最初是打算與西寺一併建造，但是遲遲未能開工，所以便委託空海，將東寺改建為真言宗的寺院。

稻荷神

～從秦氏氏神成為庶民信仰的神明～

稻荷神的特徵是扛著稻穗，手拿鎌刀以及騎在神使狐狸背上

稻荷神的演變

- 一開始是秦氏的氏神。

↓

- 與東寺建立緊密的關係之後，於東寺受祀，稻荷信仰也於貴族之間普及。

↓

- 被視為日本各地的稻田之神後，成為民間信仰。

↓

- 由於是祝福豐收之神，所以又被奉為殖財之神，得到許多商業與工業相關人員的愛戴。

主祀神社	
	伏見稻荷大社（京都市伏見區）
	笠間稻荷神社（茨城縣笠間市）
	祐德稻荷神社（佐賀縣鹿島市）

46 菅原道眞

——從雷神搖身一變成爲學問之神的神明

說到菅原道真，大部分的日本人都知道祂是天神以及學問之神，但其實在中世之前，菅原道真並非天神與學問之神。

菅原道真（西元八四五至九〇三年）生前是優秀的學者與詩人，更是擅於操持政務的政治家，曾受到**宇多天皇、醍醐天皇重用，所以有機會一展長才，但是之後卻被妒忌他的藤原時平陷害，最終被貶至太宰府。**

兩年後，菅原道真於太宰府鬱鬱而終，也於當地埋葬★。

在那之後，京都就不斷出現異象。害菅原道真被貶的藤原時平與藤原菅根相繼病死，皇太子也陸續離世，甚至有人在清涼殿被落雷擊中而死。

每個人都認為，這絕對是菅原道真在作祟。

由於當時的人們相信，**含恨而終的死者，將會成為御靈四處作祟，所以菅原道真也被認為已經變成御靈了。**

於是天皇取消了菅原道真的貶職，還追贈正二位的官位，但是怪事並未因此停歇，最後才將菅原道真奉為神明。

由於民間早已開始祀奉菅原道真，因此朝廷便以事後追認的方式，在京都的北野創建了神社。由於北野這一帶早就有祭祀天神（雷神）的習俗，所以菅原道真也被奉為天神。

這類信仰在平安末期產生了變化。菅原道真開始被奉為能夠幫助信眾**洗清罪嫌的神明。**

到了中世之後，禪宗的信仰普及，菅原道真又被奉為學問與文藝之神。

用語解說

★ **於當地埋葬**：據說太宰府天滿宮就座落於菅原道真的墳墓上方。

菅原道眞

～從洗清罪嫌的神明成為學藝之神～

被奉為天神的菅原道真，是平安時代中期的貴族

天神信仰的變遷

- 菅原道真（西元845～903年）是事奉宇多天皇與醍醐天皇的貴族與學者。

↓

- 高升至右大臣後，遭到藤原時平中傷而被貶至太宰府，並於當地鬱鬱而終。

↓

- 由於京都瘟疫肆虐、清涼殿遭到雷擊，菅原道真的政敵陸續驟逝，菅原道真便被奉為御靈。

↓

- 除了被奉為「洗清罪嫌」的神明，也被禪宗奉為將典籍帶入日本的聖人。

↓

- 到了近世，被大眾奉為和歌之神與學問之神。

主祀神社	
	● 北野天滿宮（京都市上京區）
	● 太宰府天滿宮（福岡縣太宰府市）
	● 防府天滿宮（山口縣防府市）

Column 3

妥善處理御札、御禮、御神籤、繪馬、御朱印的方法

神社授與參拜者的物品主要分成兩大種類。一種是神札，一種是帶來好運的物品。

神札這類物品代表神威滿盈之物，神札與御守（護身符）就屬於這類物品。

由於這類物品就像是神明的分身，所以不能放在污穢之處。

神札可置於神棚或是高於視線的清淨之處祀奉。可以的話，最好朝著南方或東方安座。

護身符是能隨身攜帶的神札，所以別在貼身之物（例如衣服或包包）即可，但要記得保持乾淨。

御神籤或是繪馬這類意喻吉祥之物，雖然沒有神威保佑，卻也是神明賜予之物，所以還是要好好保管。

御神籤本來是讓參拜者帶回家的物品，但內容不一定都是好的，所以會將神籤綁在神社境內的特定地點，有時為了祈求姻緣也會這麼做。

繪馬則是獻給神社的物品，但也可以帶回家留做紀念。

御朱印是參拜的證明，所以通常會在參拜結束後領到御朱印。

蓋了神社戳印的御朱印等同於神札的一種，所以御朱印也要放在清淨之處保管。

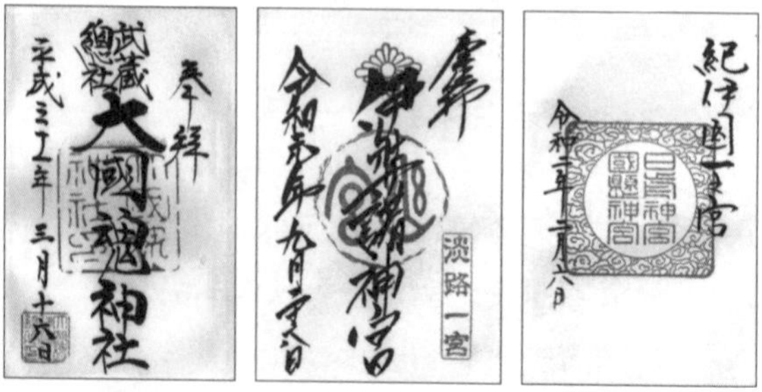

於神社領受的御朱印

第 4 章

祭典與神社之間不為人知的關係

47 神社與祭典之間有何關係？

——神社是舉行祭典的聖地

不像佛教或基督教，神道的特徵之一就是，沒有所謂的聖典★。

或許有些人會問「《古事記》不是神道的聖典嗎？」但《古事記》與《日本書紀》其實都是史書，不能稱為聖典，因為其中沒有與教義有關的內容。

佛教與基督教的教義都是透過聖典傳承了數十世紀，那麼沒有聖典的神道，一直以來，又是如何傳承教義的呢？

傳承教義的途徑非常多，但其中最重要的途徑就是神話與祭典。**透過口耳相傳的方式將神話傳承，以及不斷舉行祭典，讓神道的價值觀與概念得以傳承至今。**

尤其是**祭典可「重現神話（時代）」並「取悅神明」，更是傳承神道的關鍵。**

不同的祭典有不同「重現神話（時代）」的方式，有些祭典是將神輿扛到祭神出現之處，有些則是表演以神話為題材的神樂，或是念誦描寫神話的祝詞，這些重現神話的方式，都能讓大眾遙想祭神顯現或是神社創建的時代，告訴人們神道的理想。

至於取悅神明這點，則是祈禱神明不要降災，也希望透過供品以及表演，讓神明的靈力分享給所有人。

至於神社，**就是舉辦這些祭典的聖地**。雖然也有在神社境外舉辦的祭典，但**若是沒有神社存在，這些祭典將無法繼續舉辦。**

用語解說

★ **聖典**：基督教的聖典為《聖經》，佛教的聖典為《法華經》或是《般若心經》這類經典。

祭典的兩個面向

重現神話

於島根縣石見地區進行秋祭表演的傳統藝能石見神樂——「大蛇」，以及出雲神祭——「八岐大蛇」，都是重現須佐之男降伏八岐大蛇情景的神樂。這些表演能讓大眾想起祭神的功蹟，或是神社創建之際的時代。

招待神明

透過獻上供品、神樂這類方式取悅神明，能讓神明增加神力，再將神力分給人們。

48 祭典與神事有什麼不同？

——祭典只是眾多神事之一

「神事」的日文讀音為「kamigoto」。

人們活在現世的各種事情稱為「顯露事」，而在眾神或死者的世界所發生的事情稱為「神事」，但更多的時候是指在神社事奉神明的各種行為。

因此，祭典不過是神事的一部分。

祭典是於農作開始、農作收成這類大日子，或是與祭神有關的特別日所舉辦的特殊神事，這部分會在第五十一節進一步說明。

雖然祭典是特別重要的神事，但不是舉辦了祭典，就算是事奉了神明。

每天早上的祀奉也是非常重要的神事。

正因為每天都虔誠地事奉神明★，只於大日子舉辦的祭典才具有特殊意義。

此外，將神饌（神明的飲食）獻給神明，祈求一整天平安的神事，稱為「日供祭」。嚴格來說，日供祭也算是祭典的一種，不過本書只將那些在特別日子舉辦的特殊神事稱為「祭典」。

神社的神職人員除了舉行祭典或是日供祭，還有很多需要進行的神事。

比方說，替參拜者祈福、消災解厄，或是幫忙主持結婚儀式、神葬祭（神道的葬禮）。有時候則會前往工地現場，主持地鎮式或是上棟式；有些場所甚至還得為了開山工程或是海上工程舉行祈禱無人傷亡的祝福儀式，這些也都算是神事的一種。

兼具各類神社性質的神社，往往得負責上述這類神事。

打掃神社境內是相當重要的神事，而授予參拜者神札也算是神事的一種。

用語解說

★ **每天都虔誠地事奉**：這裡是指有神職人員常駐的神社，若沒有神職人員常駐的小神社或是奧宮這類環境特殊的神社，每天也有不少該做的神事。

與神明有關的事情都是神事

祭典是神事之一，與神明有關的事情都是神事。不管是朝拜神社還是神棚，或是打掃神棚與神社境內，都屬於神事的範圍。

49 舉辦神事的目的爲何？

——事奉神明、取悅神明、推廣神德、獲得力量

接著讓我們再多了解一點神事。

前一節提到，神事是神社的神職人員的職務，但是**神事可不是只有神職人員才能進行，一般人也能進行神事**。比方說抬神輿、參加祭典，或是獻上收成與美酒，替神社境內撿垃圾，都算是事奉神明的神事。

若依照目的分類神事，大概可將神事分成下列四種——

1 事奉神明

將供品與祈禱獻給神明，維持神社或神域整潔的神事。雖然祭典有很多種，但共通之處都是為了「事奉神明」。

2 誦讚神明，取悅神明

除了「事奉神明」之外，還可以進一步**誦讚神明，或是獻上表演，取悅神明**。其中之一就是在參加祭典時，幫忙抬神輿。

3 讓神明的力量與神德廣澤於世

事奉神明、取悅神明是非常重要的神事，少了這些就無法完成神事，但是只做這些神事的話，該神社就只能得到當地人的崇拜。**在過去，大型神社都有負責推廣信仰的御師★。**

4 領受神明的力量

在社殿不斷地獻上祈禱或是在神域的瀑布底下修行，藉此感受神靈的存在，也是神事的一種。祭典結束後，通常會舉辦稱為「直會」的宴會，讓大家有機會享用充滿神明靈力的供品。

用語解說

★ **御師**：日文讀音為「oshi」，但只有伊勢神宮讀成「onshi」。熊野的御師最為有名。

神事的主要目的

1 事奉神明

- 獻上供品與祈禱
- 維持神域整潔

2 取悅神明

- 幫忙扛神輿或山車
- 獻上表演

3 讓神明的力量澤被蒼生

- 祈禱、結婚典禮、喪禮、出差神事（例如地鎮祭）
- 授與神札或御守
- 讚揚神德

4 領受神明之力

- 於神社或神域修行
- 接受祈福、參加神事、領受神札
- 參加直會

50 神輿與山車的象徵意義爲何？

——神輿是神明的交通工具，山車是移動式舞台

很多人以為，神輿是祭典不可或缺之物，但其實不然，許多祭典都沒有神輿。

不過，**以神輿為主軸的祭典的確不少**，這又是為什麼呢？

理由之一在於**日本的神明喜歡移動。**

比方說，稻田之神★會在春天從山裡來到村莊，幫忙村民守護田地，到了秋天就回到山裡，履行山神的職務。

八幡宮總本宮——宇佐神宮的祭神為了幫助人們建造東大寺，特別從現代的大分縣宇佐市趕到東大寺。據說當時這位祭神乘坐的轎子就是神輿的起源。

從這個典故可以得知，**神輿是神明的交通工具，而神輿通常乘載著祭神的御神體或是祭神分靈的御神體。**

此外，神輿也是在氏子居住地區巡迴、與氏子加深羈絆的工具。

神輿是扛在肩上移動的工具（古代是提在腰部附近），但是山車則是車子，藉由繩子拉著移動。

相傳，山車起源於天皇即位儀式之一的大嘗祭。舉行大嘗祭的時候，會使用一種名為標山的山形裝飾品，而這山形裝飾品與現代的山車一樣，都是用繩子拉著移動。

山車原本也是神明的交通工具，但慢慢地演變成表演囃子（用於炒熱氣氛的打擊樂）與戲劇的移動舞台。

此外，**各地區對於山車的稱呼也不盡相同，有些地方稱為屋台，有些地方則稱為段尻、曳山或是鉾。**

用語解說

★ **稻田之神**：也有一直留在村莊，守護田地的稻田之神。

神輿與山車的構造

神輿主要部分的名稱

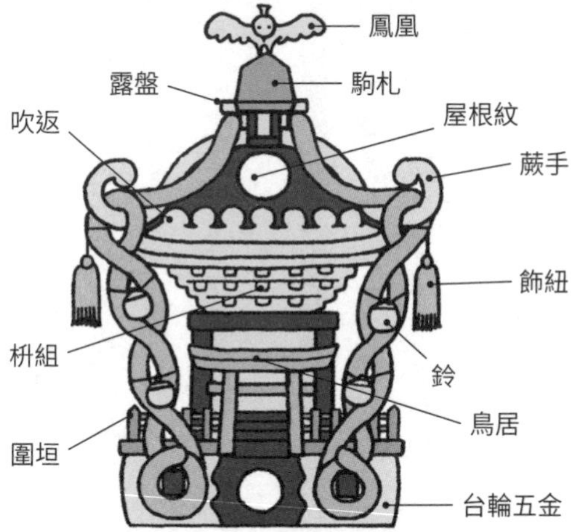

山車主要構造的名稱

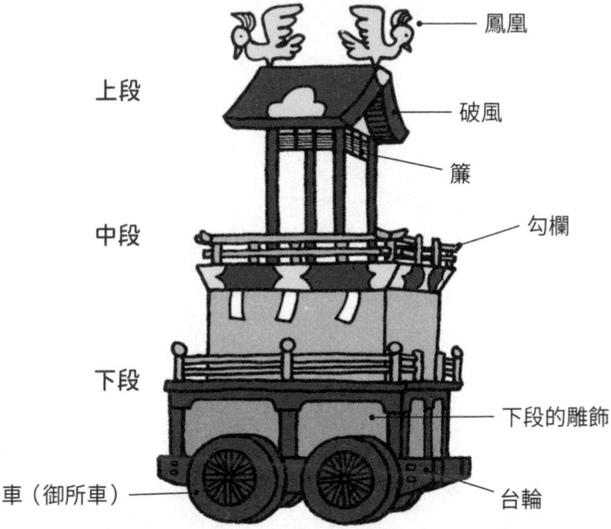

在日本各地的祭典，都能常常看到神輿或山車，但構造各有特徵，各部位的名稱也不同。在此為大家介紹常見部位的名稱。

51 祭典分成哪幾種？

——分成朝廷祭祀、村落祭祀或是民間祭祀這些種類

祭典的分類方式也有很多種。

第一種，**以主辦方為主的分類。**

包含由朝廷主持的朝廷（國家）祭祀、以神社為主在同一社群一同舉行的村落（神社）祭祀、由單一氏族舉行的同族祭祀，以及在地區或是家中進行的民間祭祀★。

我們印象中的祭典，多數屬於村落祭祀。

此外，朝廷祭祀也包含天皇在宮中舉行的宮中祭祀，或是朝廷派遣使者前往知名神社舉行的奉幣祭祀，以及伊勢神宮舉行的神宮祭祀（現在的伊勢神宮已自立於國家之外，所以自行舉辦祭祀）。

也有**依照舉行頻率分類祭典的方式。**

比方說，每年都舉辦的祭典稱為恆例祭，還有除了恆例祭之外的臨時祭。

在臨時祭之中，每隔幾年（式年）就舉辦一次的祭典稱為式年祭。

也有**依照祭典的規模與重要性分類的方式。**

根據神社本廳的規定，神社的祭典分成大祭、中祭、小祭這三種。

最受重視的大祭除了該神社特有的例祭，還有祈年祭、新嘗祭這類祭典（祈年祭、新嘗祭的說明請參考下節內容）。

中祭則包含在元旦舉行的歲旦祭，或是在每年元月三日舉行的元始祭。小祭則是於每月一日與十五日舉行的月次祭，或是在每天早上舉行的日供祭。

除了上述的分類之外，還有**依照特殊性（只有該神社才舉行的祭典稱為特殊神事）進行分類的方式**，但這部分就留待下一節說明。

用語解說

★ **民間祭祀**：有時是指朝廷祭祀之外的祭典（祭祀）。

主要的祭典分類

依照主辦方進行分類的方式

- **朝廷（國家）祭祀**
  - 宮中祭祀
  - 奉幣祭祀（例如名神祭）
  - 神宮祭祀
- **村落（神社）祭祀**
- **同族祭祀**
- **民間祭祀**

依照舉辦頻率進行分類的方式

- **恆例祭** —— 每年舉行
- **臨時祭**
  - **式年祭** …… 每隔一段時間舉行
  - **其他** …… 不定期舉辦

依照祭典的規模與重要性進行分類的方式

- **大祭** —— 例祭、祈年祭、新嘗祭
- **中祭** —— 歲旦祭、元始祭、新嘗奉祝祭
- **小祭** —— 月次祭、日供祭、除夜祭

依照特殊性進行分類的方式

- **一般神事** —— 任何神社都舉行的祭典
- **特殊神社** —— 只有該神社舉行的祭典

52 具代表意義的祭典有哪些呢？

——於日本全國神社舉行的祈年祭與新嘗祭

祭典分成全國共通的祭典，以及只有該神社舉行的祭典（又稱為特殊神事）這兩種。

若從共通的祭典開始說明，**就該先介紹最重要的「祈年祭」與「新嘗祭」。**

這兩項祭典就是祈求豐收與慶祝收成的祭典。**祈年祭是祈求今年豐收的祭典，新嘗祭則是將新穀獻給神明、感謝順利收成的祭典。**

雖然不是所有日本人都從事稻作工作，但稻作在近世之前，都是日本的核心產業，稻米是否豐收，與百姓的生活息息相關。如果稻米歉收，還有可能造成政局動盪，所以全國上下都會祈禱豐收。

此外，**神道與稻作的淵源也非常深★**，這也是祈年祭受到重視的理由。

反觀特殊神事則很難從中選出獨具代表性的例子，因為日本全國各地有很多個性鮮明的祭典。雖然大部分的人都知道有所謂的日本三大祭典，但每個人心目中的三大祭典不盡相同。

唯獨祇園祭是每個日本人心目中的三大祭典之一，絕對稱得上是代表日本的祭典。**祇園祭是八坂神社（京都市東山區）舉行的祭典，目的是將瘟疫趕出京都。**

諏訪大社（長野縣諏訪市）的御柱大祭，是以怪奇聞名的奇祭。舉行祭典時，會在宮殿四個角落立起巨木，此舉被認為源自古代信仰。

出雲大社（島根縣出雲市）的神在祭，是為了迎接來自日本全國各地的神明所舉行的祭典；伊雜宮（三重縣志摩市、伊勢神宮的別宮）的御田植式則是於御料田（種植獻給伊雜宮的稻米）實際耕作，祈求豐收的祭典。

用語解說

★ **與稻作的淵源也非常深**：在神話之中，天照大神將天上的稻米賜給孫子邇邇藝命，命令孫子於地上推廣稻作。

日本具代表性的祭典

一般神事

祈年祭與新嘗祭

新嘗祭（明治神宮）

祈求豐收與慶祝收成的祭典。由此可知，神道與稻作息息相關。

特殊神事

祇園祭（八坂神社）

特殊神事是日本全國各地神社獨立舉行的祭典，有不少都被稱為「奇祭」。

神迎祭、神在祭（出雲大社）

御田植祭（多賀大社／滋賀縣多賀町）

53 祭典一年只舉辦一次嗎？

——也有每天、每月、每年舉行的祭典

自古以來，日本人認為世界與人的一生都是由好幾個循環所構成。

比方說，於每天早上舉行的「日供祭」就是一天的循環；於每月一日、十五日舉行的「月次祭」則是一個月的循環；至於歲旦祭、祈年祭、新嘗祭與除夜祭則是一年的循環。

前面提到了神社的神事有所謂的循環，個人的生活（人生）也同樣有一天、一個月、一年的循環。

而且人的一生也可以視為一個循環。

現代人往往覺得，人的一生就是從出生直線奔向死亡，但**早期的日本人則認為，死者的靈魂會與祖靈合而為一，之後再轉生為人。**

這也是一種循環。

除了人的一生與神社的神事之外，**社會或是國家也是不斷地推動這類循環，一步步累積屬於自己的歷史。**

祭典可說是讓這類循環正常運作的儀式。

因此，才需要在特定的時期舉行祭典。

日本人之所以會在出生、七五三（三歲、五歲、七歲）、成人、結婚這類人生重大節日前往神社參拜★，也是基於這種與循環有關的信仰（參考五十頁）。

人類的循環或許是以月或是年為單位，但是社會或國家的循環就得以十年或百年為單位。

有些神社的式年祭之所以會以數十年為一個循環，也是為了符合需求。

用語解說

★ **在人生重大節日前往神社參拜**：這類儀式在日文稱為人生儀式。除了本書列出的儀式之外，還包含慶祝還曆（六十歲）與葬禮這類儀式。

日本人信仰之中的循環

1天

每天的祭祀
日供祭

1個月

每月的祭祀
月次祭

1年

每年的祭祀
恆例祭

式年

每2～50年一次的祭祀
式年祭

這些與人的一生的
循環重疊

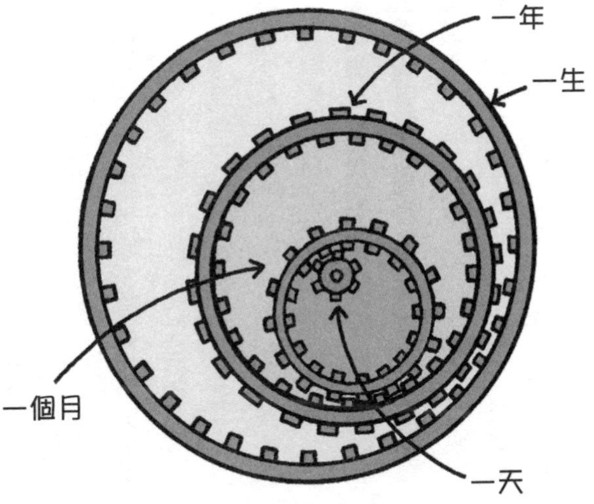

54 伊勢神宮的式年遷宮是什麼意思？
——每二十年將神殿重新建造，並重新製作裝束與神寶的神事

式年遷宮是伊勢神宮（正式名稱為「神宮」）最重要的神事之一，除了每二十年會舉行一次，還會重新建造社殿或是其他的建築物，也會重新製作御裝束與神寶。

定期更新這件事稱為「式年造替」，但因為是將御神體從舊社殿（宮）移到新社殿（宮），所以才又稱為遷宮。

於此時重新建造的建築物除了內宮、外宮的御正殿之外，還包含十四座別宮的社殿，總數多達六十五棟，連宇治橋也會重新搭建。此外，重新製作的御裝束神寶共有七百一十四種，一千五百七十六件。

其實其他的神社在過去也會舉行式年遷宮，但每次都得勞民傷財，所以漸漸地就荒廢。上賀茂神社與下鴨神社則採用部分修繕的方式，維持式年遷宮這項制度。

話說回來，為什麼每二十年就得重新建造社殿一次呢？

一說認為是為了確保建築物的穩固程度以及傳承技術★，但歸根究柢，還是因為想讓神明使用新的社殿或神寶的信仰所致。

一般認為，將新的社殿與新寶獻給神明，神明就能重返青春，獲得嶄新的靈力，而這就稱為「常若」。

伊勢神宮於每年十月十五日到二十五日舉行的神嘗祭（將新穀獻給神宮的每位神明的神事）之際，都會更新御裝束或是祭祀道具。

這也是為了讓神明常保青春（常若）。

簡單來說，式年遷宮就是比神嘗祭更慎重、更全面的祭典。

用語解說

★ **傳承技術**：伊勢神宮舉行式年遷宮的時候，所有的建築物與神寶都必須分毫不差地重新製作，所以古代的技術也就此傳承至今。

式年遷宮時程表

山口祭
木本祭
御杣始祭
御樋代木奉曳式
御船代祭
御木曳初式
木造始祭
御木曳行事（第一次）
仮御樋代木 伐採式
御木曳行事（第二次）
鎮地祭
宇治橋渡始式
立柱祭
御形祭
上棟祭
檐付祭
甍祭
御白石持 行事
御戶祭
御船代 奉納式
洗清
心御柱 奉建
杵築祭
後鎮祭
御裝束新寶讀合
川原大祓
御飾
遷御
大御饌
奉幣
御神樂御饌
御神樂
荒祭宮、多賀宮遷御
十二別宮遷御

伊勢神宮每隔20年會重新建造社殿，並重新製作御裝束與神寶（參考本書第18節）

日本神社超圖解

54個Q&A看懂參訪禮儀×八百萬神×奇特祭典，還有此生必訪的神社清單，讓參拜過程更有趣

作者澀谷申博
譯者許郁文
主編林昱霖
責任編輯孫真
封面設計羅婕云
內頁美術設計羅光宇

執行長何飛鵬
PCH集團生活旅遊事業總經理暨社長李淑霞
總編輯汪雨菁
行銷企畫經理呂妙君
行銷企劃主任許立心

出版公司
墨刻出版股份有限公司
地址：115台北市南港區昆陽街16號7樓
電話：886-2-2500-7008／傳真：886-2-2500-7796／E-mail：mook_service@hmg.com.tw
發行公司
英屬蓋曼群島商家庭傳媒股份有限公司城邦分公司
城邦讀書花園：www.cite.com.tw
劃撥：19863813／戶名：書虫股份有限公司
香港發行城邦（香港）出版集團有限公司
地址：香港九龍土瓜灣土瓜灣道86號順聯工業大廈6樓A室
電話：852-2508-6231／傳真：852-2578-9337／E-mail：hkcite@biznetvigator.com
城邦（馬新）出版集團 Cite (M) Sdn Bhd
地址：41, Jalan Radin Anum, Bandar Baru Sri Petaling, 57000 Kuala Lumpur, Malaysia.
電話：(603)90563833／傳真：(603)90576622／E-mail：services@cite.my
製版・印刷漾格科技股份有限公司
ISBN978-626-398-012-9・978-626-398-011-2（EPUB）
城邦書號KJ2102 **初版**2024年05月
定價360元
MOOK官網www.mook.com.tw
Facebook粉絲團
MOOK墨刻出版 www.facebook.com/travelmook

國家圖書館出版品預行編目資料

日本神社超圖解：54個Q&A看懂參訪禮儀x八百萬神x奇特祭典,還有此生必訪的神社清單,讓參拜過程更有趣／澀谷申博作；許郁文譯. -- 初版. -- 臺北市：墨刻出版股份有限公司出版：英屬蓋曼群島商家庭傳媒股份有限公司城邦分公司發行, 2024.05
128面；14.8×21公分. -- (SASUGAS ;KJ2102)
譯自：眠れなくなるほど面白い図解神社の話：素朴な疑問でわかる神社のディープな魅力
ISBN 978-626-398-012-9(平裝)
1.CST: 神社 2.CST: 神道 3.CST: 日本
273.4　　113004551